교회를 떠나고 싶지 않은 너에게

기독여성주의 입문서 "교회가 좀 불편한 너에게" 시즌 2

교회를 떠나고 싶지 않은 너에게

엮은이 기독여성연구원 훌다
지은이 김희선, 이은애, 이주아
카드뉴스 기획 훌다 상여자단 데이지, 국물떡볶이
카드뉴스 제작 훌다 상여자단 박호니, 안경잡이
디자인 컨셉 훌다 상여자단 안경잡이

펴낸이 박재윤
펴낸곳 (재)여해와 함께 대화출판사
등록 1976년 6월 24일 (제2006-000063)

주소 서울시 종로구 평창 6길 35(03003)
전화/전송 (02) 395-0781 / (02) 395-1093
이메일 tagung@daemuna.o.kr
홈페이지 www.daemuna.or.kr
페이스북 www.facebook.com/daemuna.yh

ISBN 978-89-85155-72-4 03230

기독여성주의 입문서

교회를 떠나고 싶지 않은 너에게

기독여성연구원 **훌다** 지음

훌다

재단법인 여해와 함께

책을 펴내며

교회와의 관계를 고민하는 너에게 주는 교회 언니들의 따뜻한 참견

'헤어지지 못하는 교회, 떠나가지 못하는 나'
지난 여름 기독청년여성 리더십워크숍 '기.흔.세'(기억하고 흔들고 바로 세우자) 프로그램을 진행하던 중, 이 짧은 글귀를 보고 가슴이 쿵 하고 내려앉았다. 참석자 중 누군가가 현재 '교회와 나'의 관계를 포스트잇에 요약해서 적은 것으로, 가요 제목을 패러디한 문장이었다. 교회를 사랑하면서도 마음이 힘든 여성 청년들의 고민에 대해서 기독여성주의 입문서 두 번째 책인 『교회를 떠나고 싶지 않은 너에게』는 "당장 헤어져!!"라고 말하고 싶지만 그래도 희망을 가져 보자고 말하는 교회 언니들의 따뜻한 위로와 조언을 담고 있다.

기독여성연구원 홀다는 2021년 가을부터 2년 동안 한국여성재단의 지원을 받아 기독교 성평등 확산을 위한 다양한 사업을 진행해왔다. 1차 연도에는 기독교 청년 여성들인 '영페미'들이 기획하고 질문을 던지면 홀다에 속한 여성 신학자들인 교회 언니들이 대답하는 형태로 이루어진 기독여성주의 입문서 『교회가 좀 불편한 너에게』가 출판되었다. 동시에 영페미들이 직접 기획하고 개발한 "우리 교회 성평등 지수 테스트"를 통해 자신들이 다니는 교회의 성인지 감수성과 성평등 상황을 스스로 진단하게 하였다. "우리 교회 성평등 지수 테스트"는 『교회가 좀 불편한 너에게』 책 표지에 그리고 훌다 인스타와 페이스북 (huldah_femitalk)에 큐알(QR)코드를 이용해 가능한 많은 청년이 쉽게 접근하여 대답하고 스스로 점검할 수 있도록 하였고, 그 결과를 자신의 SNS에 게시하는 인증 이벤트를 진행하여 기독교 교회 내에서뿐만 아니라 일반 커뮤니티 안에서도 기독교 성평등 담론이 확산될 수 있도록 하였다.

2023년도에는 전년도에 출간된 『교회가 좀 불편한 너에게』를 가지고 북토크를 진행하여, 약 30여 명의 기독 청년들이 함께 모여서 책의 내용을 함께 나누고 토론하는 시간을 가졌다. 그들은 교단과 나이와 성별도 생각도 다양한 사람들이었지만 책을 통해 자신들의 경험과 생각을 나누며 기독교 교회의 미래와 방향을 함께 고민하였다. 또한 기독여성연구원 훌다는 1년 동안 월별로 기억해야 할 사건이나 절기와 관련해서도 사업을 벌였다. 더 많은 교회 언니들이 '성서 속 여성들의 기도'를 작성하고 기독 영페미들이 그 기도 내용과 관련된 그림을 그리는 협업 과정을 통해 결과물들을 내는 한편 이를 SNS에 게시함으로

써 민족·시대·문화·세대적 구분을 넘어선 기독 여성들의 연대와 이해를 확산하는 활동을 펼쳐나갔다.

이러한 다양한 사업들을 진행하면서 기독여성연구원 훌다는 좀 더 많은 기독여성 청년과 오프라인에서 직접 만나서 교육하며 교제할 수 있는 기회가 있었으면 좋겠다고 생각하게 되었다. 이번에는 감사하게도 미연합감리교회 여선교회 '스크랜턴여성리더십센터'의 지원을 받아 지난 2023년 8월, 2박 3일에 걸쳐 다양한 교단을 배경으로 하는 2030 여성 신학생들 24명과 함께 '기억하고 흔들고 바로 세우자'(기.흔.세)는 주제를 가지고 여성 리더십 워크숍을 진행하여 기독 청년 여성들이 함께 울고 함께 웃으며 서로 연대하는 시간과 기회를 갖기도 했다.

이번에 나오게 되는 『교회를 떠나고 싶지 않은 너에게』는 1차 연도에 진행했던 "우리 교회 성평등 지수 테스트" 결과를 주제별로 아카이빙하여 1차로 영페미들이 정리하고, 훌다의 교회 언니들이 모여 함께 토론하며, 교회가 불편했던 청년들이 어떻게 교회를 떠나지 않고 성 평등한 교회 공동체를 이루어나갈 것인지에 대한 견해와 방향성을 제시한 책이다. 서로 사랑한다고 믿으면서도 문제를 느끼고 고민이 있는 커플에게 인생의 선배들이 조언해주는 티브이 프로그램에서처럼 교회 안에서 불편하고 상처 입고 고민하지만, 하나님을 사랑하고 교회 안에서 신앙을 지켜나가고 싶은 청년들에게 교회 언니들이 따뜻한 위로와 함께 실질적인 조언을 주는 마음으로 책을 썼다. 건강하고 지속적인 관계를 위해서는 무엇이 문제인지 드러내고 문제를 가지고 있는 쪽이 반성하고 변화하고 개선해나가야 함은 물론이다.

"우리 교회 성평등 지수 테스트"는 모두 15문항으로 이루어졌고 이를 아홉 가지 주제로 묶었다. 그리고 이를 각각 전공 연관성에 따라 성서 본문과 해석을 중심으로 한 부분은 다큐은애가, 여성에게 불평등한 교회 구조와 위계질서에 관한 부분은 걸크희선이, 교회 시설과 조직 그리고 신앙 교육에서의 성차별과 불평등에 관한 부분은 직진주아가 맡아서 설명하였다.

설문 문항들이 보여주는 결과를 통해 우리 교회 안에서 행해지고 있는 여성과 남성에 대한 편견과 차별과 문제점을 드러내고 앞으로 한국 기독교 교회가 여성과 남성 모두 하나님의 자녀로서 자유롭고 평등한 권리를 누리는 교회 공동체를 이루어 가기 위한 대안을 제시하려고 노력하였다. 다시 말해 이 책은 교회를 떠나고 싶지 않아 고민하는 청년들에게 교회 친화적 관점에서 들려주는 교회 언니들의 진심을 담은 따뜻한 참견이라고 할 수 있으며, 결국 교회 공동체의 변화를 이끌어가야 할 주체 또한 교회 안의 여성 청년들이라고 말하고 있다.

이 책이 나오기까지 많은 사람의 헌신과 도움이 있었음을 말해야 한다. 우선 훌다의 청년여성기획단인 '상여자단'(세상의 여러 부분에 자신의 관심을 가지는 무리)의 데이지, 엘더 정, 박호니, 안경잡이, 국물떡볶이 님은 자신들의 경험과 지식을 바탕으로 "우리 교회 성평등 지수 테스트"를 직접 기획하고 세세한 문항들을 만들었을 뿐만 아니라 720건이 넘는 답변의 기록을 정리하고 분석하는 1차 작업을 진행하였고, 더 나아가 책의 디자인과 텀블벅 행사까지 기획하는 등 이 책이 나오기까지 그들의 무한한 헌신과 노력에 큰 박수와 감사를 전한다. 홀다의 상여자단이야말로 주체적이고 독립적이며 자유롭고 아름답고 능력 있고 멋진 청년들로서 미래 기독여성주의의 희망이라고 단언한다. 또한 텀블벅 기획과 진행에 있어서 처음부터 끝까지 큰 도움을 준 홍다 님에게도 감사드린다. 많은 청년 여성의 능력과 에너지를 통해 홀다의 활동이 훨씬 다양해지고 추진력을 얻을 수 있었다.

홀다의 교회 언니들은 이번에도 재능기부 형식으로 기꺼이 자신의 시간과 열정을 들여서 맡은 부분에 대한 원고를 쓰고, 여러 번의 원고 리뷰를 통해 내용을 수정하고 형식을 맞추어 책의 완성도를 높일 수 있었다. 그 모든 수고에 큰 열매와 상급이 있기를 기도한다. 여러 가지 일로 너무 바빠서 이번 책에 함께 하지 못했지만 언제나 홀다와 함께하는 부원장 낭만소영에게도 사랑과 감사의 인사를 전한다. 이 책이 실질적으로 인쇄되고 출판되는 과정에서는 이전부터 유튜브 '교회 언니 페미토크' 제작과 『교회가 좀 불편한 너에게』 책 출판을 지원했던 크리스찬아카데미가 다시 후원함으로써 이전 책과의 연속성을 가질 수 있었으며, 앞으로 계획하고 있는 기독여성입문서 3집까지도 일관성 있게 제작할 가능성이 생겼다. 이 모든 것이 하나님의 은혜지만 또 주변에 협력하는 귀한 조력자들이 있기 때문에 가능하다는 걸 잘 알기에 그저 감동하고 감사할 뿐이다. 이 자리를 빌려 다시 한번 크리스찬아카데미 이상철 원장님, 편집과 제작, 유통을 맡아주신 도서출판 동연 김영호 대표님께 큰 감사의 인사를 전한다.

2023년 10월
기독여성연구원 훌다
원장 이은애

목 차

01
part

여자를 '돕는 배필'로 만드셨다고요?

Part 1

여자를 '돕는 배필'로 만드셨다고요?

우리가 첫 번째로 이야기할 부분은 바로 가정 속 여자와 남자의 위계와 성역할 분업과 고정관념에 관한 것이에요. 우리 교회 성평등 지수 테스트 첫 번째 문항을 한번 볼까요?

(1) 나는 교회에서 이런 맥락의 설교/말을 들은 적 있다

"하나님은 남자를 먼저 만드시고 그를 돕는 배필로 여자를 만드셨다는 것이고 남자를 가정의 머리로 세우셨으므로 성경적 질서에 따라 남편은 아내를 사랑하고 아내는 남편을 존경해야 합니다."

"하나님은 남녀에게 각자의 역할을 주셨는데 여자에게는 가정을 돌보는 역할을 주셨으므로 맞벌이를 하더라도 우선순위는 하나님이 주신 가정임을 잊지 마세요"

응답자 722명 중 61%에 해당하는 437명이 이러한 가정 위계 및 성역할 분업 혹은 고정관념에 대한 설교나 말을 교회에서 들은 적이 있다고 대답했어요. 아직 많은 교회에서 명시적으

로는 남성과 여성이 똑같이 하나님의 피조물로서 존재론적으로 평등하다고 얘기하지만, 기능적으로는 남성은 가정의 머리이고 여성은 가정을 돌보는 보조적인 역할을 해야 한다는 담론을 수용할 뿐만 아니라 계속 유지하는 데 앞장서고 있다는 말이지요.

종종 교회에서 경험할 수 있는 여자와 남자의 불평등한 기능과 역할에 대한 가장 대표적인 근거로 사용되는 것이 하나님의 창조 질서 혹은 성경적 질서인데요, 여기에는 기본적으로 많은 오해와 편견이 이미 전제되어 있음을 알아야 해요. 위에서 예로 든 설교는 여러 성경 본문의 종합으로 만들어진 잘못된 이

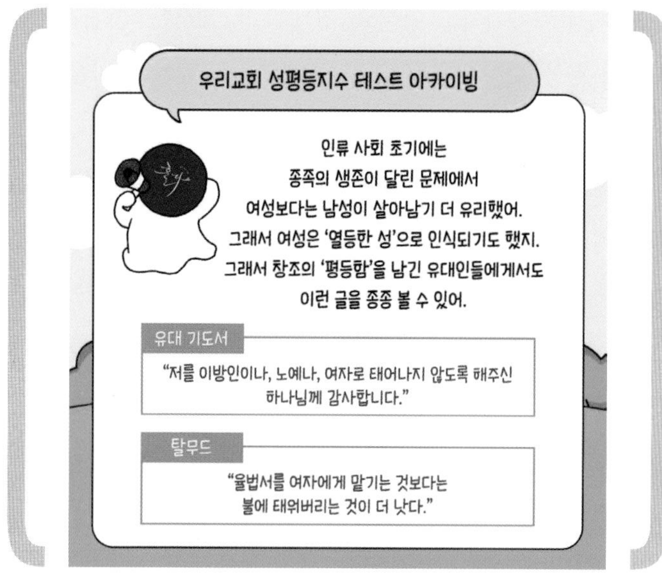

해와 해석이라고 할 수 있어요. 구약성서의 창조와 타락 본문 그리고 신약성서의 사도 바울의 편지들 속의 내용들이 뒤섞여 오랫동안 사회와 종교 안에서 여자와 남자 사이의 위계질서, 고정적인 성역할 분업 등을 요구하고 지금까지도 불평등한 사고와 구조를 유지하게 하는 근거로 사용된 것이죠. 우리는 각각의 본문들을 여성의 눈으로 자세히 들여다보고 그 본래의 의미가 무엇이며 왜 그렇게 이해되고 해석이 되어 왔는지 알아볼 필요가 있을 것 같아요.

인간의 창조에 대해서는 구약성서의 처음 부분인 창세기

1-2장에서 이야기하고 있어요. 창세기 1장에서는 하나님이 하나님의 형상에 따라 사람을 창조하셨는데 남자와 여자를 만드셨다(창 1:27)고 기록하고 있고, 창세기 2장에서는 하나님이 아담을 만드시고 혼자 있는 것이 좋지 못해서 지으시겠다고 하시고 여자를 만드셨다(창 2:18-25)고 말하고 있어요. 우리가 교회에서 주로 사용하는 개역개정판 성경의 번역 '그를 위하여 돕는 배필을 지으리라'(창 2:18)는 마치 여자가 남자의 필요를 위해서 만들어진 종속적이며 부수적인 존재라는 오해를 하게끔 하죠. 시간적으로 하나님이 남자를 먼저 만드셨으며 남자는 흙으로 여자는 남자의 갈빗대로 만드시는 차이를 두셨기 때문에 남자는 여자보다 우월하며 여자는 남자를 돕기 위한 종속적이고 보조적인 역할을 하는 존재라고 이해한 것이죠.

신체적인 형상에서도 남성의 성기를 갖고 있지 않은 여성은 미완성이고 불완전한 것이므로 결함이 있고 곧 열등한 것으로 이해해 왔어요. 남자만이 하나님의 형상에 따라 지어졌기에 하나님을 닮은 것이고 그가 하는 일은 하나님께 속한 선한 일인 반면, 불완전한 형태의 여성은 창조 목적이나 그 기능이나 역할에 있어서 남성에게 종속되고 예속된 것이라고 오랫동안 믿어 왔던 것이죠. '돕는 배필'에 대한 이러한 오해는 역사 속에서 지속되어오고 있어요. 1970년대에는 "아내는 남편들을 잘 내조해서 가정과 자녀 양육에 힘쓰세요. 남편이 밖에서 주된 임무를

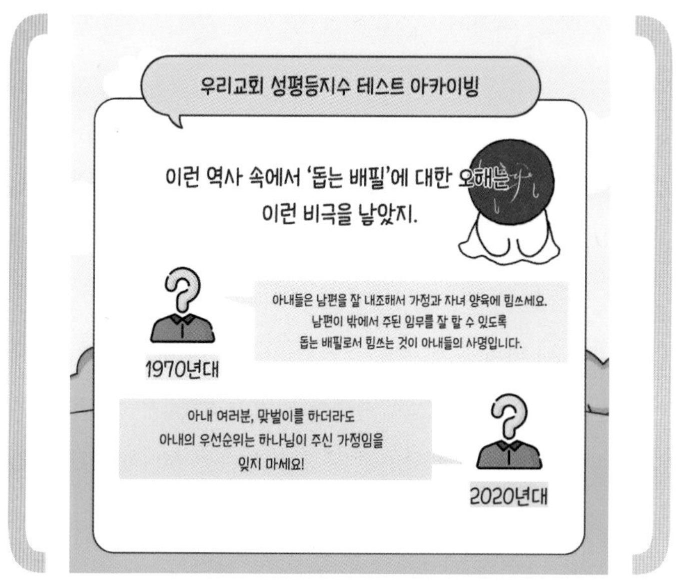

잘 할 수 있도록 돕는 배필로서 힘쓰는 것이 아내들의 사명입니다"라고 설교하고 가르쳤다면 오늘날에도 "아내 여러분, 맞벌이를 하더라도 아내의 우선순위는 하나님이 주신 가정임을 잊지 말아야 합니다"라고 공공연히 말하곤 합니다. 정말 그럴까요? 여성의 사역과 책임은 가정 안에 머물고 남편을 보조하는 부수적인 역할이 창조 때부터 주어진 것일까요?

이 구절은 새번역 성경 본문에는 '그를 돕는 사람, 곧 그에게 알맞은 짝'이라고 번역되어 있는데 오히려 이것이 히브리어 원문의 '에제르 케네그도'(עזר כנגדו)에 대한 적절한 번역이라고 할 수 있어요. 여기서 '돕는다'(히브리어로 에제르)라는 말은 덜 중요한 역할이나 부수적인 역할을 의미하는 것이 결코 아니고 다른 사람에게 유익이 되는 선하고 좋은 일을 한다는 의미예요. 하나님이 이스라엘 백성을 도왔다고 할 때도 사용하던 단어죠. 배필(配匹)이라는 한자어도 '알맞은 짝'으로 이해할 수 있는데 이것은 평등하고 친밀하며 조화롭고 어울리는 존재로 만들었다는 의미예요. 따라서 이것을 근거로 여자가 남자보다 열등하다든지 부수적인 존재라든지 여자가 있어야 할 곳은 가정이라든지 가정에서 남편에게 무조건 복종하고 순종해야 한다든지 하는 건 결코 아니라는 거죠.

창세기 2장 창조 본문에서 하나님은 아담(adam)을 처음으로 만드시는데 그 존재는 땅(adamah, אדמה)의 흙으로부터 형성된 거예요(창 2:7). 땅의 흙으로 만들어진 보잘것없는 존재인 아담이지만 그의 코에 하나님이 생명의 기운을 불어넣었을 때 비로소 살아 있는 생명체가 된 거죠. 하지만 하나님은 '사람이 혼자 사는 것이 좋지 아니하니 내가 그를 위하여 돕는 배필을 지으리라 하시니라'(창 2:18) 하시면서 아담을 깊이 잠들게 하시고 그의 갈빗대를 취하여 다른 사람인 여자를 만들었다고 되어 있어요. 여기서 오해가 생겨날 수 있는데, '그를 위하여'라는 번역이 여자의 창조를 마치 남자를 위한 도구나 수단인 것처럼 이해하게 해요. 하지만 히브리어 '케네그도'는 '그에 알맞은/어

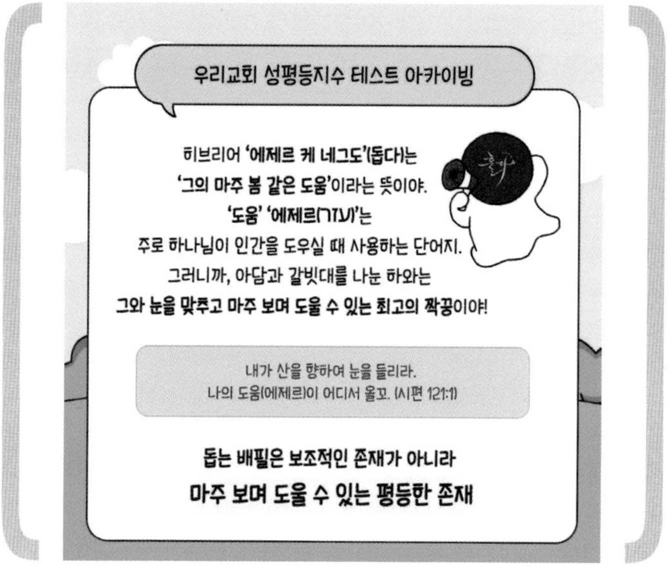

우리교회 성평등지수 테스트 아카이빙

히브리어 **'에제르 케 네그도'**(돕다)는
'그의 마주 봄 같은 도움'이라는 뜻이야.
'도움' '에제르(עזר)'는
주로 하나님이 인간을 도우실 때 사용하는 단어지.
그러니까, 아담과 갈빗대를 나눈 하와는
그와 눈을 맞추고 마주 보며 도울 수 있는 최고의 짝꿍이야!

내가 산을 향하여 눈을 들리라.
나의 도움(에제르)이 어디서 올꼬. (시편 121:1)

돕는 배필은 보조적인 존재가 아니라
마주 보며 도울 수 있는 평등한 존재

울리는 짝 같은'으로 번역해야 하고 여자와 남자는 하나님에 의해서 같은 재료로 만들어진 존재로서 함께 어울려 살아가야 함을 요청하고 있다고 할 수 있어요. 그들은 같은 뼈, 같은 살로 이루어진 존재로 서로를 기뻐하며(창 2:23) 서로 숨기거나 감출 것이 없는 똑같은 존재였기에 서로 벌거벗었지만 부끄러워하지 않았던 거죠(창 2:25). 서로를 기뻐하는 남자와 여자가 연합하여 새로운 가정을 만드는 것에 대해 긍정적으로 언급하는 것은(창 2:24) 고대 사회에서 남자와 여자가 결합하는 가정이 사회와 문화적 관계의 기초를 이룬다고 보았기 때문이에요.

이것은 창세기 1장의 창조 본문에서 더욱 명확하게 드러나는데 즉 창조의 마지막 날인 여섯째 날에 '하나님이 자기 형상 곧 하나님의 형상대로 사람을 창조하시되 남자와 여자를 창조하시고'(창 1:27)라고 말하고 있기 때문이에요. 이것은 하나님이 인류를 두 종류, 즉 남자와 여자로 만드셨으며 여기서 성(性)은 지위나 가치에 있어서 평등한 것이고 서로 상호보완적일 때 하나님의 형상을 똑바로 드러내는 것임을 보여주는 것이죠. 그 옛날 철저하게 남성중심적인 가부장제 사회를 배경으로 하는 구약성서 창세기에 '그의 어울리는 짝/마주 봄 같은 도움'이라는 말이 기록되어 있다는 게 정말 신기하지 않나요?

이제 여자와 남자의 차별과 불평등의 근거로 사용되는 신약성서의 본문을 한번 볼까요? 바울 사도가 고린도교회에 쓴 편지에 '하나님은 그리스도의 머리이시고 그리스도는 남자의 머리시며 남편은 그 아내의 머리'(고전 11:3)라는 구절이 있어요. 바울의 이 말은 교회 안에서 여자가 기도하거나 예언할 때 머리에 무언가를 쓰라는 명령(고전 11:4-16)과 연결되어 있는 것으로서 오히려 고린도교회 안에서 기도하고 예언하는 여자들이 있었음을 보여준다고 이해할 수 있어요. 당시에 머리를 풀어 헤치고 하는 열광적인 기도나 예언 활동은 이방 제의의 특징이었기 때문에 그에 대해 경계하고, 당시 사회의 관습대로 여자는 대중 앞에서 머리에 수건을 쓰라고 요구한 것이죠. 다시 말해서

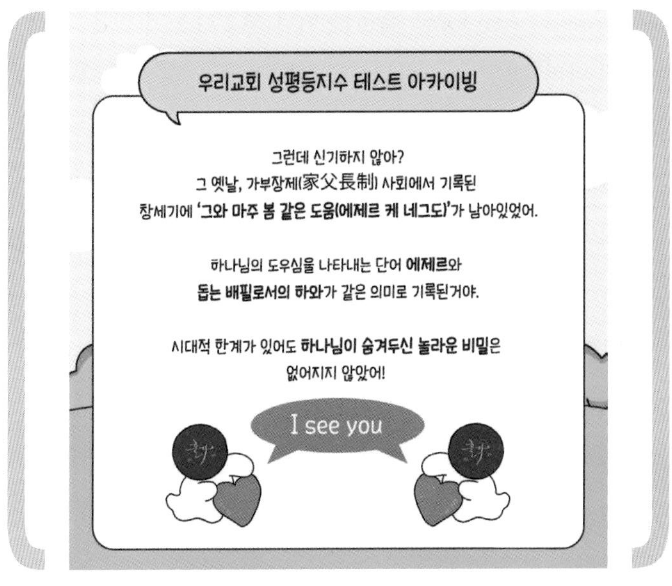

고린도전서 11장에서 바울이 말하고 싶었던 것은 고린도교회 예배에서의 열광과 광란적인 모습을 완화하고 그 예배에서 적극적인 역할을 했던 여자 예언자들에게 그들의 카리스마를 적절히 사용하라는 것이었죠.

이러한 맥락에서 '남편은 그 아내의 머리'(고전 11:3)라는 구절에서 '머리 됨'은 결코 우월성이나 지배를 의미하는 것이 아니라 오히려 원천이나 근원을 의미하는 것이라고 말할 수 있어요. 예수 그리스도가 권력이나 부 혹은 그 어떤 것도 취하거나 소유함으로써가 아니라 오히려 전적으로 자신을 내어주심으로써 우리를 구원하셨고 우리의 머리 되셨다는 사실은 남편이 아내의 머리가 된다는 의미를 잘 나타내 주는 것이죠. 그럼에도 불구하고 바울의 이러한 표현은 1세기 로마제국의 가부장적 질서를 반영한다고 볼 수 있어요. 바울의 관심은 고린도교회의 질서유지에 있었기 때문에 마치 남자만이 하나님의 형상과 반영(reflection, 영광)이고 여자는 남자의 반영이라고 얘기함으로써 창세기 1:27을 잘못 해석했던 것이죠. 시대적 한계를 가지고 로마제국 안에서 기독교 교회의 생존을 목표로 한 이 본문을 근거로 2000년이나 지난 현재 기독교 안에서도 여성의 지위를 부수적이고 이차적이라고 말한다든지 여자와 남자의 불평등을 합리화하는 것은 결코 옳지 않아요. 바울 사도가 갈라디아 교회에 쓴 편지에서는 그리스도인의 완전한 자유와 평등을 선언했기 때문이에요.

> 너희는 유대인이나 헬라인이나 종이나 자유인이나 남자나 여자나 다 그리스도 예수 안에서 하나이니라(갈 3:28).

성경 안에도 서로 상충하는 다른 구절들이 있다는 것이고 우리가 성경 본문을 읽을 때는 본문의 시대적, 사회적 배경이나 문맥과 연결하여 읽으면서 어디에 우선성을 둘 것인지 결정해야 해요. 이러한 역사적, 맥락적 이해나 고려 없이 한 구절만 따로 떼어 가져와서 현재의 불평등하고 차별적인 구조와 사고를 뒷받침하거나 유지하는 근거로 사용하는 것은 잘못인 거죠. 예수님은 당시의 지배적인 유대교의 형식적 율법주의에 도전과 저항을 한 분이고 본래 바리새파 유대인이었던 바울 사도 또한 그리스도를 믿음으로 민족·계급·성별적 구분은 무의미하다고 선언했기 때문이에요.

'돕는 배필'은 부수적이고 이차적인 존재라는 의미가 아니라 '알맞은 짝'이라는 의미로 연대성과 평등함을 나타내는 말이에요. 또한 사도 바울의 편지들은 시대와 사회의 제한성을 가진 것이기 때문에 문자 그대로 해석되어서는 안 되고 오히려 그가 선언한 그리스도인의 완전한 자유와 평등사상을 기억해야 해요.

02
part

유혹하지 말되
예쁘게 꾸미라고요?

Part 2

유혹하지 말되 예쁘게 꾸미라고요?

제목부터 화가 나고 어이가 없죠? 우리 교회 성평등 지수 테스트 질문 중 네 번째는 교회에서 다음과 같은 맥락의 설교나 말을 들은 적이 있는가 하는 것이었어요.

> "하나님의 사람도 성적 유혹을 받을 때 무너질 수 있습니다. 다윗도 그러했습니다. 지금 여러분 앞에 있는 목사도 실족할 때가 있습니다. 그러므로 형제들이 죄의 유혹에 빠지지 않도록 자매들이 조심해야 합니다."
>
> "그리스도인 여자는 그리스도의 신부로서 순결하고 정숙하며 단정해야 합니다. 그러므로 그리스도인 여자는 언제나 몸가짐을 바르고 단정히 해야 합니다."

이 질문에는 '들어보았다'가 357명(49%), '들어본 적 없다'는 365명(51%)이 대답했어요.

두 선택지에 대한 편차는 다른 문항에 비해서 크지 않지만

그럼에도 불구하고 응답자의 절반 가까이 그런 설교나 말을 들어보았다고 답한 것은 교회 내에서 아직 성차별적 사고와 행동이 직접적이고 명시적으로 행해지고 있음을 드러내는 것이라고 할 수 있죠. 아직도 일부 교회에서는 성서 구절을 이용해서 정숙한 그리스도인 여성상을 제시하고 교회 내에서 일어날 수 있는 다양한 성적 문제를 여자의 탓으로 돌림으로써 여성으로 하여금 자신의 성을 억압하도록 요구하고 있다고 볼 수 있어요. 성(性)에 관한 문제에 있어서 여성보다는 남성에게 상대적으로 관대한 우리 사회의 분위기를 교회가 무비판적으로 그대로 수

문항별 분석 - 4번 문항

우리 교회에는 저런 말을 하는 분들이 아무도 없다고?
그런데, 2020년~2021년에
일부 기독교 매체에서 이런 기사가 나왔더라고.

교회 다니는 여성들의 5가지 옷차림 원칙

크리스천 패션 디자이너가 말하는 '크리스천 여성의 5가지 옷차림 원칙'

기독교인 여성의 옷차림에 관한 5가지 성구

"여자는 남자의 의복을 입지 말 것이요…"

대표의 차세대를 위한 성경적 성교육 <12> 내면과 옷차림

외모에 치중하기보다 내면의 그리스도 은혜와 성화에 힘쓰라

대표의 차세대를 위한 성경적 성교육 <13> 절제된 옷차림

출처: 민중의 소리, "여성들의 옷까지 규제하려는 한국교회, 그 뒤에 숨겨진 추한 속내", 2021.9.26.일자.

용하며 오히려 그것이 하나님의 창조 질서 혹은 성경적 질서임을 명시적으로 가르치고 있는 것이죠. 성경 어디에도 문자적으로 여성에게 "상대방을 유혹하는 옷을 입지 말라"고 경고하는 구절은 없어요. 오히려 예수님은 "여자를 보고 음욕을 품는 사람은 누구나 이미 마음으로 그 여자와 간음한 것이다. 네 오른 눈이 너로 죄를 짓게 하거든 그것을 빼어서 내버려라. 신체의 한 부분을 잃는 것이 온몸이 지옥에 던져지는 것보다 낫다"(마 5:27-28)고 가르치셨어요.

여성을 유혹자로 규정하는 가장 대표적인 성서 본문은 창

세기 3장 타락 본문일 것 같아요. 창세기 2장에서 남자와 여자로 지음 받은 사람이 에덴동산에서 살게 되었고 에덴동산의 모든 나무의 열매는 먹어도 좋지만 동산 가운데 선과 악을 알게 하는 나무의 열매는 먹지 말라는 하나님의 명령을 받게 되죠. 그러나 동물들 가운데서 가장 지혜로운 뱀이 여자를 유혹해서 그 나무의 열매를 먹게 했고 그 여자가 남자에게도 열매를 주어 먹게 했기 때문에 이 세상에 죄가 들어왔고 모든 인간은 죄인이 되었다는 거예요. 모든 죄와 악의 시작엔 여자가 있고 여자에게 책임이 있다고 본 것이죠. 이것은 결국 여성은 유혹자였기 때문에 현재도 스스로 죄책감을 가지고 말과 행동을 조심해서 해야 하고 남성은 그러한 여성에게 유혹당하지 않도록 경계하고 조심해야 한다고 가르치는 거예요.

여자에 대한 이러한 이해는 기본적으로 1장에서 다루었던 창조의 순서와 방법에 따른 여자의 불완전성과 도덕적 열등성에 대한 잘못된 관념과 연결이 되어 있다고 할 수 있어요. 중세 기독교에서 기독교 교리의 기초를 놓았다고 할 수 있는 스콜라 철학의 완성자 토마스 아퀴나스는 여자를 '잘못 태어난 남성'(misbegotten males)으로 이해했는데 사실 이것은 그리스 철학자 아리스토텔레스의 인간관에 기초해있어요. 토마스 아퀴나스는 태아의 성을 결정하는 것은 온전히 남성의 정액에 의존한다고 믿었고 여자는 아기의 몸을 형성할 피나 물질적 본질만을 제공한다고 보았답니다. 또 원칙적으로 남성의 씨앗은 남자만을 낳게 되어 있는데 여자가 태어나는 것은 낮은 물질 원칙이 지배적일 때 일어나는 것으로 이때 '잘못 태어난 남성'인 여성이 생겨난다는 것이죠. 이렇게 기독교 역사에서 오랫동안 여성은 생물학적 능력, 사고 능력, 도덕적 자기 훈련이라는 전 영역에서 결함이 있는 존재로 간주되었어요.

여성의 도덕적 열등성은 하와가 에덴동산에서 보여 준 행동을 통해 구체적으로 확인되었고 여성은 본질적으로 타락할 가능성을 내포하고 있다고 본 거죠. 하와가 뱀의 유혹에 넘어가서 선악과를 따먹은 것처럼 악마의 유혹에 쉽게 넘어갈 수 있는 영적, 도덕적으로 허약한 존재라는 왜곡된 여성관이 기독교 역사에서 4세기라는 긴 시간 동안 1백만 명에서 6백만 명 이상의 여성을 마녀라는 이름으로 희생시켰으며 그러한 끔찍한 박해를 종교적으로 정당화하고 합리화했다고 할 수 있어요.

그러나 창세기 3장의 선악과 이야기는 결코 여성의 열등함이나 어리석음을 이야기하고 있지 않아요. 오히려 바로 앞의 창세기 2장의 창조 이야기와 연결해서 보면 선과 악을 알게 하는 나무의 열매를 먹지 말라는 하나님의 금지명령(창 2:17)은 여자가 만들어지기(창 2:21-23) 전에 주어진 것이었고요. 본문에서 하와를 유혹한 것은 다름 아닌 모든 들짐승 중에 가장 간교한 뱀이었어요. 여기서 '간교한'이라는 부정적 의미의 단어로 번역

된 히브리어 단어 '아룸'(ערום)은 잠언에서는 '슬기로운'이라는 긍정적인 의미로 사용되는 말이에요(잠 12:16, 23; 13:16; 14:8, 15, 18; 22:3; 27:12). '간교한, 교활한'이라는 부정적인 의미의 구절도 지혜문학인 욥기에 등장(욥 5:12; 15:5)한다는 것도 그 단어가 지혜와 밀접한 관련이 있음을 보여준다고 할 수 있죠.

여하간 나쁜 일을 꾸밀 정도로 똑똑한 뱀은 여자에게 말을 걸고 하나님이 하신 명령에 대해 한참 이야기를 나누죠. 뱀은 과연 여자가 어리석고 약한 존재였기 때문에 접근하여 대화를 나눈 것일까요? 그랬다는 말은 성경 본문엔 나오지 않아요. 오히려 뱀과의 대화 이후에 하와가 그 나무를 보니 '먹음직도 하고 보암직도 하고 지혜롭게 할 만큼 탐스럽기도 한 나무'(창 3:6)였고 그는 바로 그 나무의 열매를 따서 먹고 자기 남편에게도 주니 그도 먹었다고 해요. 하와가 원한 것은 과연 무엇이었을까요? 먹기에도 좋고 보기에도 좋았지만, 어쩌면 그것을 지혜(하스킬, השׂכיל)의 근원으로 생각한 것은 아니었을까요? 어쨌든 하와는 그 나무의 열매를 탐했고 따서 먹었다고 되어 있어요. 하와는 독립적으로 사고하고 자신의 결정에 따라서 그것을 따서 직접 먹었던 거죠. 사건의 주도권과 결정은 오직 그녀 자신에게만 주어져 있었고 자기의 행동을 완전히 인식하고 있었다고 볼 수 있어요. 남편과의 상의는 없었어요. 그녀는 그의 충고도 그의 허락도 구하지 않았고 완전히 독립적으로 행동했고

이와는 대조적으로 남자는 조용하고 수동적이며 유순하게 받아들이죠.

사실 이 성경 본문에선 누가 더 잘못했다고 말하려고 하는 것은 아녜요. 하나님이 주신 명령, 즉 하나님과 인간 사이의 경계를 의미하는 것으로 보이는 선악과 금지명령을 인간이 지키지 못했고 결국 그들은 하나님의 심판을 받게 되었으며 그 불복종의 결과로 현재의 불평등하고 불행한 세상의 질서가 존재하게 되었다는 것을 말하고 있는 것이죠. 특히 하나님이 여자에게 내린 '남편은 너를 다스릴 것이니라'(창 3:16)는 벌은 남성 우위를 인정하는 것이 아니며 오히려 그러한 양상에 대한 비난이라고 볼 수 있어요. 억압과 지배는 창조의 타락이기 때문이에요. 불순종으로 인해서 여자는 자신의 독창성과 자유를 잃어버린 노예가 되었고 남자도 역시 타락한 존재가 되었어요. 왜냐하면 동등한 배필을 다스리는 주인이 되었기 때문이죠.

죄로 인해 심판받아 일어난 일들은 당시의 그리고 오늘날의 사회, 문화 속에서 남자와 여자의 고통스러운 현실, 불평등하고 서로 억압하는 현실을 반영하는 것이며, 그것이 바로 타락의 흔적들이고 결코 본래적인 창조의 특성이 아님을 보여주고 있는 것이에요. 그럼에도 불구하고 기독교 역사에서는 종교적 이유로 성을 더욱 억압하고 통제해 왔고 성행위는 번식의 목적으로만 필요하다고 하는가 하면 남성의 정욕을 통제하고 정숙한 여성들이 해를 당하지 않도록 성매매 여성이 필요하다고 생각해서 중세 교회는 국가와 함께 성매매를 관리하기도 해왔던 거예요.

여성에게 씌운 유혹자로서의 프레임은 여성이 몸가짐을 조신하게 해야 한다면서도 동시에 여성들에게 외모를 예쁘게 꾸미라는 요구를 하기도 하죠. "자매님들은 새벽기도 나오실 때 형제들 배려 좀 해주세요. 누군지 못 알아보잖아요." 또는 "집사님, 요즘 운동 좀 하셔야겠어요. (웃으면서) 아! 다름이 아니라 건강을 위해서요. 우리 몸은 그리스도의 성전이므로 잘 돌

보고 가꾸어야죠." 우리 교회 성평등 테스트 질문 중 여섯 번째는 이런 의미의 설교나 말을 교회 내에서 들어보았냐는 질문이고, 이에 대해 전체 응답자의 44%에 해당하는 317명이 그렇다고 대답했어요. 충격적이지 않나요? 지난 2020년 서울 YWCA 불금 파티에 모인 기독여성 청년들이 교회 안에서 겪은 여러 가지 부당하고 화나는 경험 중 하나가 아무렇지도 않게 외모를 비교하거나 평가하는 발언들이었던 것이 기억나요.

"저 부서는 예쁜 OO 선생님이 있어서 아이들이 많이 와서 부흥한다"고 하거나 "자매님도 살 조금 빼면 진짜 예쁠 거 같

아", "OO도 예쁘게 화장하고 샤랄라 치마라도 입고 오면 우리 부서 분위기가 환해질 거 같은데…" 등등. 어휴.

타인의 외모를 지나치게 강조하고, 평가하는 발언이 교회 안에서 공공연히 이루어지고 있다는 거죠. 때로 몸매나 외모에 대한 칭찬은 관계를 유연하게 만들기 위한 긍정적인 발언으로 생각되기도 해요. 하지만 신앙 공동체에서 불필요하게 외모나 성적인 특징을 자주 언급한다면 이는 타인을 '성적 대상화'하였다고 할 수 있어요. 성적 대상화는 특히 여성에게 더 강조되는 경향이 있는데, 그 까닭은 여전히 남아있는 남성중심적인 사회

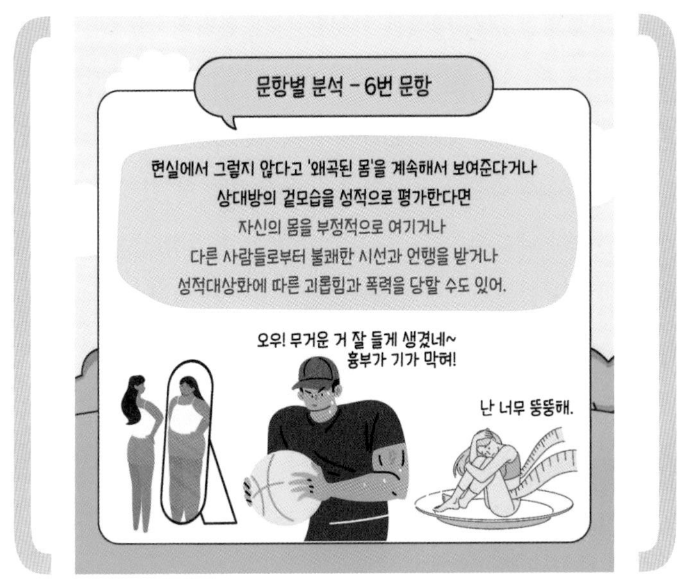

와 문화 안에서 남성의 시선에서 바라보는 여성의 이미지가 존재하며 그 이미지가 미디어를 통해 재현되기 때문이라고 할 수 있는 거죠.

위의 테스트 결과에 따르면, 교회에서도 성적 대상화 언어를 경험하는 사례가 적지 않음을 알 수 있어요. 성적 대상화는 다른 사람의 인격이나 감정보다는 성적인 측면에 초점을 맞춰서 신체적 특성이나 특정 성의 속성을 가지고 그 사람을 바라보거나 대하는 거예요. 다시 말해서 상대방을 인격적으로 대하는 것이 아니라 물건처럼 취급하는 것이죠. 특히 특정 집단이나 특정 성별에 의한 성적 대상화 언어는 상대 집단의 생각과 행동을 통제함으로써 권력을 행사한다고 볼 수 있는데, 교회 안에서 특히 여성의 화장, 옷차림, 몸매에 관해 반복적으로 강조하는 언어에는 남성의 입장과 남성의 시선에서 여성의 신체를 통제하려는 권력이 내포된 거죠. 이러한 현상은 결과적으로 교회에서 젠더 위계를 암묵적으로 강화하고, 더 나아가 여성을 향한 성차별 및 성범죄를 묵인하는 결과를 가져올 수 있기 때문에 반드시 조심해야 해요. 하나님께서는 하나님의 형상에 따라 남자와 여자를 만드신 것이고 사람의 영혼이나 마음뿐만 아니라 그의 몸도 하나님의 귀한 피조물로서 다른 누군가에 의해 평가되거나 농담의 대상이 될 수 없기 때문이에요.

창세기 3장의 여자는 남자와 함께 하나님의 명령을 어기고 벌을 받은 죄인이지만 다른 시각에서 보면 독립적으로 사고하고 행동한 사람이었다고도 해석할 수 있어요. 여자나 남자는 똑같이 하나님 형상에 따라 지음 받은, 하나님의 귀한 피조물로서 특히 그의 몸을 다른 누군가가 평가하거나 성적 대상으로 삼아서는 안 돼요!

03
part

민족의 지도자,
미리암과 훌다

Part 3

민족의 지도자, 미리암과 훌다

이제 성서 속 여성 인물을 주로 어떻게 다루고 있는지 이야기해 볼까요? '우리 교회 성평등 지수 테스트' 14번 문항은 출애굽기 민수기에 나타나는 '미리암'에 관한 질문으로 교회에서 여성 지도력을 충분히 소개하며 격려하고 있는지를 묻는 거예요.

(14) 아래의 인물에 대한 설명 중 더 익숙한 설명은 무엇인가요?

① 이방 여인을 아내로 맞이한 모세를 비난하여 피부병에 걸린 미리암

② 출애굽 후 소고를 치며 하나님을 찬양한 예언자, 미리암

전체 722명의 응답자의 53%에 해당하는 385명이 미리암에 대해 '모세를 비난하여 피부병에 걸린 여인'이 더 익숙하다고 답했고 '출애굽 후, 하나님을 찬양한 예언자 미리암'이 더 익숙하다고 한 응답자는 337명, 즉 전체의 약 47%에 불과했어요. 두 가지 설명 모두 성서에 기록된 미리암에 관한 것임에도 불구하고 절반 이상의 응답자는 미리암에 관한 부정적인 묘사가 더

익숙하다고 답한 것이죠.

이는 기독교 역사에서 성서를 남성의 관점에서 해석해 왔기에, 남성중심적 성서 해석으로 미리암의 예언자적인 면모가 주목받지 못한 것을 시사한다고 말할 수 있어요. 물론 성서에 여성보다 남성에 관한 기록이 더 많기에 남성 지도력의 사례를 더 많이 접하는 것도 사실이지만, 여성 지도력을 발휘한 사례가 있음에도 불구하고 교회 안에서 이야기되지 않음으로써 사람들의 인식뿐만 아니라 교회의 구조 안에서도 여성 지도력은 결국 잊히고 소외되는 수밖에 없는 것이죠. 한국 기독교 교회 안에서 부분적으로 여전히 존재하는 여성 목사 안수 금지는 여성 지도력을 배제한 단적인 사례이며, 여성 목회자의 배우자를 지칭하는 용어조차 생소한 현실 또한 이를 잘 뒷받침한다고 볼 수 있죠.

교회 안에서 설교나 성경 교육을 통해 우리가 듣고 알고 배우는 성경 속 여성들은 주로 지혜롭고 헌신적인 어머니, 사랑스럽고 순종적인 아내 혹은 딸의 모습이 많았어요. 하지만 남성중심적인 가부장적 시대를 배경으로 하는 성경 안에도 분명히 하나님의 부르심을 받아 하나님의 뜻과 명령을 전달하며 이스라엘 민족을 이끌었던 지도자 여성들이 존재해요. 가장 대표적인 인물이 바로 질문 문항에 나오는 미리암이죠. 미리암은 성경에서 예언자로 불린 몇 안 되는 여성이에요. 이스라엘 백성이 이집트에서 노예 생활로 억압과 학대 가운데 있다가 우여곡절

끝에 간신히 탈출하고 그들을 가로막는 큰 바다, 즉 홍해(히브리어 원어를 직역하면 갈대 바다, ים־סוף)를 건넜을 때 미리암은 수많은 여성과 함께 이스라엘 민족을 구원하신 하나님을 찬양했어요.

> "아론의 누이 선지자 미리암이 손에 소고를 잡으매 모든 여인도 그를 따라 나오며 소고를 잡고 춤추니 미리암이 그들에게 화답하여 이르되 너희는 여호와를 찬송하라 그는 높고 영화로우심이요 말과 그 탄 자를 바다에 던지셨음이로다"(출 15:20-21).

성서학자들은 성경에서 바로 그 앞에 놓여있는 보다 긴 형태의 노래인 모세의 노래(출 15:1-19)보다 단 한 절로 이루어진 미리암의 노래가 더 원형적인 형태의 구원사건을 담고 있는 본문이라고 봐요. 미리암은 주도적으로 하나님을 찬양하는데 앞장섰던 지도자였던 것이죠. 예언서인 미가서에도 하나님이 말씀하시죠. "나는 너희를 이집트 땅에서 데리고 나왔다. 나는 너희의 몸값을 치르고서, 너희를 종살이하던 집에서 데리고 나왔다. 모세와 아론과 미리암을 보내서, 너희를 거기에서 데리고 나오게 한 것도 바로 나다"(미 6:4, 새번역). 미리암은 모세와 아론과 함께 출애굽한 이스라엘 백성을 이끌었던 지도자이며 예언자였어요.

그런데 교회에서는 모세를 비난하다가 벌을 받은 미리암 이야기를 더 자주 듣는 것 같아요. 이 본문은 민수기 12장에 나오는데요. 사건은 모세가 구스 여인과 결혼한 것에 대한 비난으로 시작하는데(민 12:1) 바로 뒤에는 모세의 독점적인 권위에 대한 도전이 이어져요(민 12:2). 결국 하나님이 모세의 특별한 권위를 인정하시며 미리암에게는 악성 피부병을 벌로 내리셔서 7일 동안 진 밖에 머물러 있게 돼요. 이 본문이 교회 안에서는 주로 지도자를 비난하거나 험담하다가 벌을 받은 여자 미리암으로 설명되고 전달되고 교육되어서 결국 교회 지도자나 목사님을 비난하거나 비판하면 하나님의 징벌을 받는 예로 제시되고 있다고 볼 수 있어요. 하지만 본문을 자세히 들여다보면 '주님께서 모세와만 말씀하셨느냐? 우리와도 말씀하시지 않았느냐!'(민 12:2)라는 모세의 독점적 지도권에 대한 미리암의 문제 제기는 모세와 아론과 미리암 셋을 회막으로 불러(민 12:4) 그들에게 직접 말씀하시는 하나님의 질책(민 12:6-8)에서 그 정당성이 역설적으로 확증되는 거죠. 그럼에도 불구하고 모세의 특별한 권위를 인정하는 하나님의 말씀 부분은 모세와 율법을 강조하는 후대의 신명기 역사가의 입장을 대변한다고 볼 수 있어요.

미리암이 요구한 지도자의 권위는 그가 홍해를 건넌 후 여자들과 함께 '선창하고 화답'했던 구원의 찬양에서 잘 나타나듯이 어느 한 사람에게 주어지는 독점적인 권위가 아니라 '함께

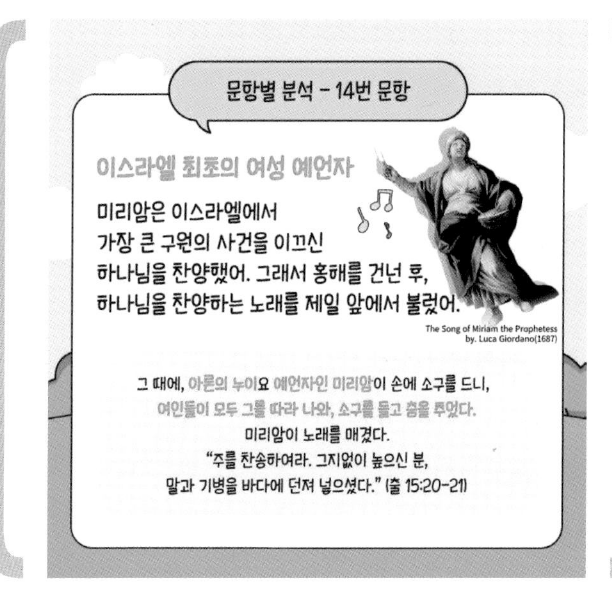

나누는' 권위라고 볼 수 있을 거예요. 이집트의 강압적, 수직적 권력 형태로부터 탈출한 이스라엘 공동체에 필요한 새로운 형태의 권력 체계는 분산된 권력 형태였을 것이고 이것은 민 11장에서 70명의 장로를 세워 하나님의 영을 '나누어주어' 백성 돌보는 짐을 모세와 '함께 지도록'하신 하나님의 뜻에서도 잘 나타나죠. 악성 피부병에 걸렸던 미리암은 당시 율법에 따라 7일 동안 진 밖에 격리되어야 했는데 이스라엘 백성은 그가 돌아올 때까지 이동하지 않고 기다렸다가 미리암이 돌아온 후에 함께 길을 떠났어요(민 12:15-16). 이것 또한 미리암이 출애굽 공동체

의 지도자였음을 증명하는 것으로 볼 수 있을 것 같아요. 미리암이 흠 없는 완전한 사람은 아니었을지 몰라요. 모세가 그랬던 것처럼요. 하지만 모세처럼 미리암 또한 출애굽한 이스라엘 공동체 안에서 하나님의 말씀을 듣고 그것을 전하는 예언자이자 지도자였음을 깨닫고 드러내고 가르쳐야 한다는 거죠.

주로 남성들을 중심으로 이야기가 진행되는 성서 안에서도 또 다른 여성 예언자의 이름이 등장하는데 그것이 바로 우리 기독여성연구원의 이름을 따온 '훌다'예요. '훌다'라는 이름의 단체를 만들기 위해 관공서에 갔을 때, 또 단체 이름으로 통장을 만들기 위해 은행에 갔을 때 만난 사람들은 '훌다'의 의미를 물었고 제가 구약성서에 나오는 여자의 이름이라고 대답했을 때 자칭 모태 신앙인이라는 담당자들은 처음 들어본다고 반응했던 기억이 나요.

훌다는 이스라엘 왕국 시대에 이름이 알려진 유일한 여예언자예요. 그가 등장하는 열왕기하 22-23장의 시대적 배경은 북 이스라엘의 멸망 이후 남 유다의 왕들 히스기야, 므낫세, 암몬이 아시리아에 조공을 바침으로써 제한적 독립을 유지하고 종교적으로는 온갖 우상숭배를 행하고 있던 때입니다. 겨우 여덟 살의 나이에 왕위에 오른 요시야 왕은 통치 18년에 쇠락한 예루살렘 성전을 수리하게 하고 대제사장 힐기야는 성전에서 율법서를 발견하죠. 서기관 사반이 왕 앞에서 그 율법서를 읽자

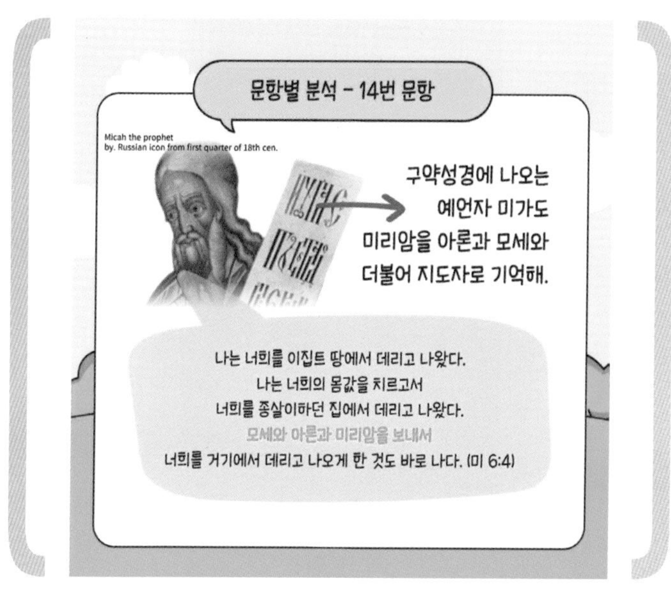

왕은 자기 옷을 찢었고 그 책의 말씀에 대해 야웨 하나님께 묻기 위해 신하들을 예루살렘의 둘째 구역에 사는 여예언자 훌다에게 보내요.

훌다는 야웨의 신탁을 전하는데 곧 그 율법서에 있는 대로 유다 땅과 백성에게 재앙이 내릴 것이라고 예언하고(왕하 22:3-20) 훌다의 말을 전해 들은 요시야 왕은 대대적인 종교개혁을 실행했던 거예요. 즉, 야웨 하나님과 이스라엘 백성 사이의 계약을 갱신하고 이방 제의를 유다 땅과 성전에서 제거하며 중단되어있던 유월절 의식을 다시 거행한 것이죠(왕하 23장; 대하

〈예언자 훌다〉

34-35장). 다시 말해서 예언자 훌다는 요시야 종교개혁의 동반자로서 이스라엘 백성이 옳은 길로 나아갈 수 있도록 조언하는 참된 지도자의 역할을 하였던 거예요. 예루살렘 성전으로 들어가는 성문들 가운데 '훌다의 문'(Huldah Gates)이라는 이름의 문들이 있었고 오늘날에도 그 흔적을 찾아볼 수 있을 정도로 훌다는 이스라엘 역사에서 중요하게 기억되는 예언자였어요. 그러므로 훌다의 이름은 예언자 미리암과 함께 이스라엘 백성을 참된 길로 인도하던 참된 지도자로 교회 안에서 반드시 기억되고 반복해서 가르쳐야 하고 자주 설교 되어야 한다고 생각해요.

〈훌다의 문〉 - 왼쪽에 두 개, 오른쪽에 세 개의 문들

미리암은 모세를 비난하다가 하나님께 벌을 받은 죄인이라고 주로 설교 되지만 사실은 모세와 아론과 함께 출애굽한 이스라엘 백성을 이끌었던 지도자이며 예언자였어요. 유다 왕국의 예언자 훌다는 성전에서 발견된 율법서를 해석함으로써 요시야 왕이 종교개혁을 단행할 수 있도록 도왔던 참된 지도자였고요. 성서 속에 숨겨진 많은 여성 지도자들에 대해 우리는 더 많이 말하고 더 많이 기억해야 해요.

04
part

잠잠할 수 없는 여성

Part 4

잠잠할 수 없는 여성

예전 어느 모임에서 한 여성 변호사님이 "저는 태어나서 이렇게 많은 여성 목사님을 한 자리에서 처음 만나요"라고 해서 서로 놀란 기억이 있어요. 그 자리는 교회 성폭력 사건 때문에 열 명 정도의 전문위원이 모인 자리였고, 그 중 저를 포함해서 세 명이 여성 목사였던 걸로 기억해요. 그만큼 한국 교회에서 여전히 안수받은 여성 목사님이 보기 드문 존재라는 뜻이겠죠. 아직도 여성에게 안수를 주지 않는 교단도 존재하니까요.

이에 관해 훌다의 설문조사 중 2번 문항의 내용을 소개할게요.

(2) 나는 교회에서 이런 맥락의 설교/말을 들은 적이 있다.

[여성 목사 안수 금지하는 교단]

"우리는 성경대로 살아가면 됩니다. 하나님이 세우신 직분에는 좋고 나쁨이 없습니다. 성경에 '여자가 가르치거나 남자를 지배하는 것을 허락하지 않는다(딤전 2:11)'고 하였으므로 여성은 목사가 될 수 없지만, 사모나 전도사로 헌신하며 하나님의 사역에 함께 할 수 있습니다. 이것은 차별이 아니라 하나님이 세우신 질서입니다."

[여성 목사 안수 인정하는 교단]

"(여성 목사님 배우자에게) 목사님, 남편분은 뭐라고 불러야 해요? 사모님은 아닐 테고…집사님? 선생님?"

전체 722명 중 46%에 해당하는 329명의 응답자가 설교 중 위와 비슷한 말을 '들은 적이 있다'고 답했어요. 들어본 적이 없다고 한 응답자는 393명으로 54%인 것으로 나타났네요.

응답자 722명 중 46%에 해당하는 329명이 교회 위계에 따른 여성 목사 안수 관련 언급에 관하여 '여성은 성경에 따라 목사가 될 수 없다'는 발언 또는 여성 목사님의 배우자 혹은 파트너 호칭 관련 발언을 들었다고 답했어요. 여성 목사 안수를 허락하는 교단에서조차 여성 목회자는 여전히 흔치 않은 낯선 존재이므로 여성 목회자의 배우자에 관해서는 사모님이 아니면 사부님인가? 하면서 어떻게 불러야 할지 잘 모른다는 것이죠.

자 그럼 시작해볼까요. 먼저 교회 여성 지도력에 태클(!)을 거는 성서 구절을 한번 보도록 해요. 바로 고린도전서와 디모데전서죠. (심호흡 준비)

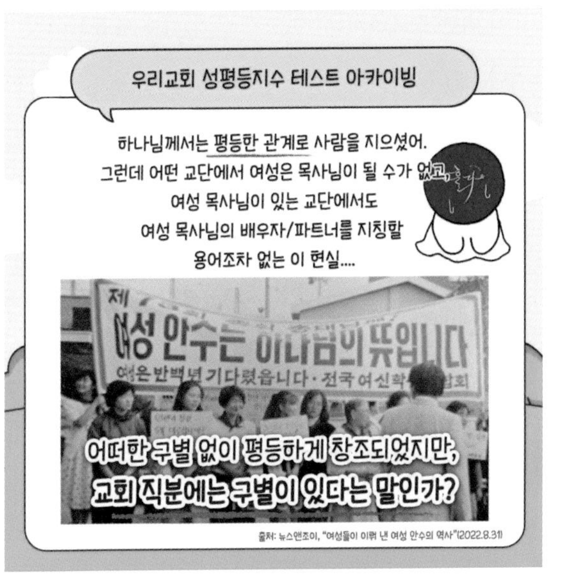

출처: 뉴스앤조이, "여성들이 이뤄 낸 여성 안수의 역사"(2022.8.31)

여자는 교회에서 잠잠하라 그들에게는 말하는 것을 허락함이 없나니 율법에 이른 것 같이 오직 복종할 것이요. 만일 무엇을 배우려거든 집에서 자기 남편에게 물을지니 여자가 교회에서 말하는 것은 부끄러운 것이라(고린도전서 14장 34-35).

여자는 일체 순종함으로 조용히 배우라

여자가 가르치는 것과 남자를 주관하는 것을 허락하지 아니하노니 오직 조용할지니라

이는 아담이 먼저 지음을 받고 하와가 그 후며

> 아담이 속은 것이 아니고 여자가 속아 죄에 빠졌음이라 그러나 여자들이 만일 정숙함으로써 믿음과 사랑과 거룩함에 거하면 그의 해산함으로 구원을 얻으리라(디모데전서 2장 11-15).

여성에게 목사 안수를 주지 않는 교단은 여성 안수에 반대하는 근거로 1) 여성은 잠잠하며 교회에서 가르치지 말라는 내용을 담은 성서의 권위 그리고 2) 여성 안수가 하나님의 창조 질서에 어긋나기 때문이라고 해요. (왜?) 2017년 합신 총회는 "남자가 여자보다 우월해서가 아니라, 하나님께서 세우신 창조 질서이기 때문에 우리가 여성을 안수하여 직분(목사·장로·안수집사)을 계승하게 하는 일은 앞으로도 없을 것"이라며 여성 안수 불가를 재확인했어요. 대신 교단의 여 목회자들이 타 교단으로 떠나는 것(!)을 막기 위해 2018년 여성 선교사에게 성례권만을 부여하도록 결정했다고 해요.

실제로 "교회청년부에서 저 구절을 읽을 때마다 화가 나는데 아는 게 없어서 어떻게 대응해야 할지 모른다"는 고민을 나눈 여성들이 많았어요. 그럴 때마다 저는 "저렇게 '잠잠해라, 조용히 해라, 교회에서 남자를 가르치려고 하지 말라'고 하는 것은 결국 바울 시대에도 여성들이 잠잠하지 않았고 교회에서 남자를 가르쳤던 여성들이 있었다는 것을 단적으로 설명하는 예

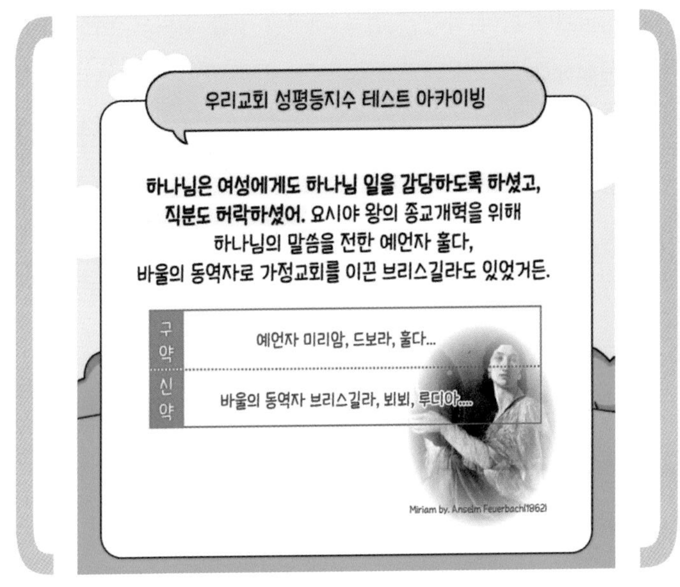

가 된다"고 설명해요. 바울의 여성 동역자들도 소개하고, 또 2천 년 전이라는 시대적 한계도 분명히 존재하지요.

그러나 중요한 것은 바울 시대의 여성들도 잠잠하지 않았고, 조선에 복음이 들어온 이후 교회 여성들도 교회 내 성차별과 불평등에 대해 결코 '잠잠하지' 않았어요. 잠잠하지 않았던 조선의 여성들 한번 살펴볼까요.

1920년 감리회 여 전도사들은 당시 남성 목사 월급이 80~100원인데 여 전도사 20원인 상황에 월급에 대한 처우개선을 요구했고, 장로교회에서는 1930년대 "목사와 장로는 세례받은 남성이어야 한다"라는 헌법을 개정할 것을 외치고, 여성 안수 허락 청원에 600명이 넘는 장로교 여성들이 청원했음에도 기각되었죠. 이러한 노력으로 여성들은 교회 여성 리더십의 문을 조금씩 힘겹게 열어왔어요. 특히 1930년대 교회 언니들이 「기독신보」에 조목조목 맞짱을 뜨는 이야기는 정말 전율을 느낄 정도예요.[1]

> 공포심에 눌린 남제자에게 활기 있고 권위 있는 소식을 전하라는 직분은 여신도에게 먼저 주셨으니 어찌 여자에게 언권이나 치리권이 없사오리까.
> _ 1934년 함남노회 최영혜 여전도회장

> 활발한 베드로는 세 번이나 모른다고 도망갔으며 마가 요한은 홑이불만 감은 채 도망하지 않았는가. 그러나 그 외 여러 부인들은 어찌 되었는가. 칼을 들고 몽치 가지고 창을 비켜 든 틈에서라도 모든 부인들이 슬피 통곡하며 따라갔다. 그뿐이랴. 무덤에 먼저 간 이도 여자이며 예수를 먼저 뵌 이도 여자이며 제자에게 첫 번 전도한 이도 여자이다…(중략) 여러분 여성들이여, 용기를 내소서.
> _ 1935년 장민숙

1 1932-2021까지 여성 안수 연대기를 다룬 『여성 안수 투쟁사』(뉴스앤조이, 2022) 강추합니다.

우리교회 성평등지수 테스트 아카이빙

사실, 여성 목사 안수는 긴 투쟁이 있기에 가능했어.
1930년부터 시작해서 2013년에야
여성 안수가 가능해진 교단도 있지.
여전히 여성은 목사가 될 수 없는 곳도 있어.

장로회 독노회 헌법(1907)

"장로는 두 가지니 강도함과 치리함을 겸한 자를
흔히 목사라 칭하고 다만 치리만 하는 자를 장로라 하는데
이는 성찬에 참예하는 남자야만 되느니라."

****교단 96회 총회(2011)**

"역대 총회 결의를 검토한 바 고전11:3 중 '여자의 머리는 남자요'라는
내용, 그리고 딤전 2:12~14 중 '여자의 가르치는 것과 남자를 주관하는
것을 허락지 아니하노니 조용할지니라'라는 하나님의 말씀 등에
비추어 여자 목사는 허락할 수 없다."

출처: 뉴스앤조이 특별 페이지, '비하인드 스토리 – 여성 안수 투쟁사'

우리교회 성평등지수 테스트 아카이빙

그러나 아직 교회에서 여성 지도자들은 설 자리가 많지 않아.
여성 안수가 이루어지는 교단에서도
여성 목사의 비율은 한 자리 숫자이거나 많게는 10%에 불과하거든.
여성 안수 운동은 현재 진행 중이야!

[지령 2000호 기념 목회자 의식조사] 여성안수 금지

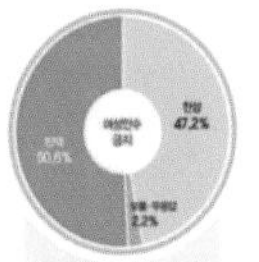

여성 교인은 62.5%, '여성 담임 목회자'는 8.5%

여성 목사 앉혔다고 '징계 처분'하는 보수 개신교 교단

출처: 기독신문, "[지령 2000호 기념 목회자 의식조사] 여성안수 금지", (2015.2.26.)/뉴스앤조이, "교인 60%가 여성인데…총대는 1.6%!", (2016.9.26.)/뉴스앤조이, "여성 교인은 62.5%, '여성 담임 목회자'는 8.5%", (2021.4.29.)/한겨레, "여성 목사 앉혔다고 '징계 처분'하는 보수 개신교 교단", (2022.3.23)

거듭되는 총회의 기각에도 불구하고 교회 여성들은 지치지 않고 매년 꾸준히 총회에 여성 안수를 청원했어요. 그렇다면 한국 교회는 언제부터 여성이 목사가 될 수 있었을까요? 그 시기는 교단별로 차이가 있어요. 감리회가 가장 먼저 1930년에 해외 여성 선교사들의 안수로 시작 1955년 한국인 여목사 안수가 시작되었어요. 기장 1974년, 예장통합 1994년, 성공회 1999년, 성결교회는 예성 2003년, 기성 2004년, 예장백석 2011년, 기독교한국침례회가 2013년 여성 안수제를 결의했어요.

물론 아직도 여성 안수를 반대하는 교단들(예장합동과 고신, 합신)도 존재하지요. 1938년 평양 전국 장로교 총회에서 나온 발언인 "월경하는 여성이 어떻게 강단에 올라가겠냐"는 얘기는 2003년 예장합동 총신대 채플에서 "기저귀 차고 어디 강단에 올라가느냐"는 소위 '기저귀 망언'발언으로 반복되었어요. "임신하면 배불러서 어디 강단에 올라가느냐"는 말에는 "배불러서 강단에 못 올라온다면, 배 나온 중년 남자 목사들도 강단에 올라가지 말아야 한다"며 남성 목사들도 함께 반박하기도 했지요.

예장통합의 여성들은 '통일될 때까지 여성 안수는 보류한다', '조용히 있으면 준다'라는 말을 듣고도 포기하지 않고 13번의 부결을 겪고 14번째 여성 안수를 관철시켰으니 정말 눈물겹고 존경스러워요. 성공회 역시 "앞으로 100년 동안 우리나라에

서 여성 사제는 안 돼"라는 말을 들었지만 결국 사제서품을 받으셨어요. 저는 포기하지 않는 마음이 중요하다고 생각해요.

여러분! 교회 여성들은 결코 잠잠하지 않았고, 굴하지도 포기하지도 않았어요. 바울 시대의 여성들도 그리고 1930년대 한국의 교회 여성들도. 중요한 건 꺾이지 않는 마음. 무슨 말이 더 필요할까요. 1935년 장민숙 교회 언니의 말로 마치렵니다.

"여러분 여성들이여, 용기를 내소서."

〈QnA〉 "여자 목사님 배우자의 호칭을 뭐라고 부르나요?"

이 질문에 답하자면,

여성 목사의 배우자가 평신도일 경우, 그분을 '사부님'이라고 많이 부르긴 해요. 그런데 저와 같은 부부 목사의 경우는 제가 '사모'라는 호칭으로 불리기를 원하지 않기 때문에 성서적 원리에 따라("대접받고 싶은 대로 대접하라" 막 7:12) 남편 목사를 사부님이라고 하기보다는 저희 부부를 둘 다 '목사'라고 칭하는 것이 좋다고 생각해요. 그분에게 "호칭을 어떻게 부르면 될까요?"라고 직접 묻는 것도 좋은 방법이 될 수 있어요.

05
part

아동부 담당
= 여성 목회자?

Part 5

아동부 담당 = 여성 목회자?

현재 한국 교회 여성 교인의 비율은 절반이 훨씬 넘지만 안타깝게도 여성 목사의 수는 교단을 불문하고 10% 미만이라고 해요. 2022년 「기독교장로회 총회보고서」 통계를 보면 기장 목회자 중 여성 목회자의 비율은 13.4%인데 이는 안수받지 않은 준목과 전도사를 포함한 비율이라고 해요. 여성 목사의 수가 이렇게 적은 것은 여성이 안수를 받는 것도 어렵지만, 안수 이후의 사역 또한 매우 제한적이라는 것을 단적으로 보여 주는 통계라고 할 수 있어요. 여성 안수 자체는 제도적으로 길이 열렸다는 것과 안수받은 여성 목사들이 사역을 하는 현장은 또 다른 이야기니까요. 이것을 흔히 '기울어진 운동장'이라고 표현하지요.

2022년 「기장 내 여성 인권 실태조사 보고서」 설문 중, 교회 내 성차별 경험에 대한 문항에 대해서 '차별을 별로 느끼지 못한다'는 응답이 절반 이상(58.5%) 나왔어요. 제게 흥미로웠던 것은 연령대가 낮을수록, 교회 출석 기간이 짧을수록 그리고 교회 규모가 커질수록 교회 안에서 성차별을 인식한다고 응답한 것이었어요. 교회 내 성차별을 경험한 예로 응답자들은 '장로 선출'과 '교회 내 봉사 영역을 구분할 때' 성차별을 인식한다고 보고했어요.

아직도 교회 내에서 남녀의 역할이 구분되어 있는 경우가 많은데 이는 목회자의 경우도 다르지 않아요. 남성 목회자는 주로 힘쓰는 일과 운전을, 여성 목회자는 친교와 교제 그리고 연령대가 낮은 교회학교 아이들 부서를 맡는 경우가 많지요.

(8) 우리 교회에서는 주로 여성 사역자(전도사/목사)가 영·유아부/유치부/아동부를 담당하고, 남성 사역자(전도사/목사)가 중·고등부/청년부를 담당한다.

(8)번 문항에서는 다니는 교회학교 연령대가 어린 부서에 주로 여성 사역자가 배치되는지 물었는데 이에 대한 답변으로 전체 722명의 응답자 중 61%에 해당하는 444명의 응답자가 현재 자신이 다니는 교회에서 여성이 주로 영·유아부/유치부/초등부 등의 사역을 담당하고 있다고 응답하였고, 나머지 39%에 해당하는 278명은 '그렇지 않다'에 답했어요.

사역자가 담당할 부서는 여성과 남성이라는 성역할에 의해 나뉠 것이 아니라 개인의 능력과 적성을 기반으로 정해져야 하지만, 위의 문항은 현재 다수의 교회가 성역할 고정관념에 기반한 부서 배치를 실행하고 있다는 것을 보여주고 있어요. 특히 교회학교 유아, 초등학생과 같이 어린 연령층은 여러 역할모델이 되는 어른들을 관찰하며 자신의 성역할 정체성을 형성하는데 이때, 성별 분업화로 인한 고정관념을 심어주지 않도록 교회에서 다양한 역할모델을 보여주는 것이 중요하지요. 하지만 8번 문항을 보면 교회에서도 성역할 고정관념에 의한 역할 분담이 일어나고 있는 것을 볼 수 있네요. 예를 들어 같은 사역자라 하더라도 영유아부, 유치부, 초등부는 여성이 그리고 중고등부, 대학부와 청년부는 남성이 맡는 경우가 많이 관찰되고 있어요. 즉, 성역할 고정관념이란 것이 이제 명시적으로 드러나게 선포되는 경우는 많지 않으나, 여전히 교회 제도와 문화 안에 녹아내려 특정 현상으로 나타난다는 것을 알 수 있어요. 또한 담임목사를 청빙하는 경우에 남성 담임목사를 선호하는 비율은 설문 응답자의 '연령대가 높아질수록, 교회 출석 기간이 길수록, 교회 규모가 클수록, 교인의 직분이 높을수록(장로, 권사) 높아지는 경향을 보였으니, 한국 교회의 높고 견고한 벽을 느끼는 부분이지요.

교회 내에서 남녀의 역할이 구분되어있는 것을 보고도 이를 성차별로 인식하지 않는 것이 바로 성인지 감수성이 낮음을 의미해요. 왜냐하면 성인지 감수성이라는 용어의 정의가 "성별에 따른 차별이 일어나는 것을 인지/인식하는 감수성"을 말하

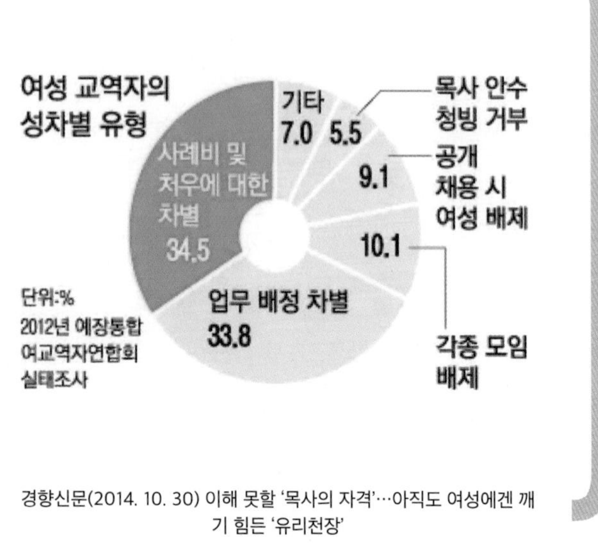

경향신문(2014. 10. 30) 이해 못할 '목사의 자격'…아직도 여성에겐 깨기 힘든 '유리천장'

는 것이니까요. 성인지 감수성이 낮은 공동체일 경우 고정된 성역할 분담을 '차별'보다는 '구분'으로 인식하기 쉬워요. 우리 교회에서 성차별이 일어나느냐? 라는 질문에 '그런 경우가 간혹 있다'라고 답할 담임목사님은 많지 않겠죠? 그러나 실제로 부교역자들은 교회나 혹은 노회 면접에서 성차별적 발언을 경험했다고 응답하거든요. 그 예로 "남편이 목회하는데 왜 굳이 하려고 하느냐," "결혼이나 출산 이후에 어떻게 할 것이냐?" 혹은 남자 전도사들에게 "남자가 아이들 돌보는 게 힘들 텐데 고생이 많다"라고 격려하는 것을 들었을 때, 이 대화를 듣는 이가 상황을 어떻게 인식하느냐가 바로 성인지 감수성과 관련되어 있어요. 목사 후보생과 수련생의 경우 부부가 같이 신학을 공부하고 목사 안수의 길을 갈 때 성별에 의한 차별은 더욱 첨예하게 드러날 수 있어요. 목사 고시 면접에서 이런 질문들을 받았다고 해요.

> "남편이 목사인데 왜 당신도 목사가 되려고 하느냐"
>
> "남편이 담임목사로 청빙 받아서 교회 가게 되면 교회는 사모 역할을 해야 할 텐데 그때는 어떻게 할 예정이냐"

이화여대를 졸업한 제가 20년 전 면접 때 받은 질문은 "남편이 목사 되면 당신도 꼭 같이 목사가 되어야 그게 이대에서 공부하는 페미니즘이냐"였어요. (부들부들) 시대가 변하고 있는데 비교적 최근에도 우리 교단에서 면접 때 이런 질문들이 오고 갔다는 것을 기사를 통해 전해 듣고, '교회와 사역에 있어서 성평등한 세상을 꿈꾸는 길이 아직도 멀고 먼 길이구나'하는 생각이 들었어요.

이렇게 어렵게 안수를 받게 되어도 여성 목회자의 길은 멀고도 험해요. 여성 목사가 도입된 교단에서조차 법적인 차별은 사라졌다 해도 기울어진 운동장에 이제 막 발을 들인 것뿐이니까요. 여성 목회자들은 전임 사역지를 구하는 것 자체가 힘들기

때문에, 파트타임으로 사역하는 일이 많아요. 또한 개교회의 상황이 힘들어지는 경우 인력을 조정하는 과정에서 여성 목회자들이 먼저 배제되기 쉽기에 임신과 출산이 정말 커다란 과제가 될 수밖에 없지요.

실제로 교회 현장에서 여성 목회자가 출산을 했다고 가정해볼까요?

그 교회의 다른 누군가가 공백을 채워야 하고, 동료 누군가는 그만큼 일이 많아지겠죠. 또 이런 상황에 대한 교회와 담임목사의 결단과 의지도 필요한 일이고요. 이런 것이 가능한 분

위기의 교회여야 여성 목회자가 출산 이후의 사역을 꿈꿀 수 있을 텐데 그것이 어렵다고 느끼니, 임신 출산을 계획한 이들이 적극적으로 사역에 뛰어들지 못하고 전임 사역을 미리 포기하고 파트타임으로 일하는 것을 주위에서 종종 보았어요. 여성 목회자들에게 가장 시급한 건 목회 현장의 안정성이라고 생각하기 때문에 여성 목회자의 처우개선을 위해서는 출산과 육아를 병행하면서도 계속해서 목회할 수 있는 현장과 제도를 만들어내는 일이 필요해요.

또한 여성 목사의 임신 출산 육아휴직 제도 및 그 기간 이후 시무권 보장에 대한 대책 마련 등 앞으로 함께 고민해야 할 일들이 너무나 많네요. 목회자의 출산 육아휴직과 시무권은 생존권, 목회자의 처우개선의 문제이기 때문에 정책적으로 매우 중요하며 제도적 대책이 필요하기 때문이죠. 아직은 어떻게 이를 보장할 것인지에 대한 각 교단의 구체적인 논의가 이루어지지 않고 있는 현황이지만, 예를 들어보자면, 그 기간 동안 1) 기간제 목사 파송 혹은 2) 재택근무, 탄력근무제 및 3) 육아휴직의 재정 부담을 교회와 총회가 나누어 분담하는 방법 등이 많은 여성 목회자와 신학자의 연구 결과로 제안되었고, 저는 이러한 제안들이 차근차근 제도적으로 정착되기를 기도해요.

교회는 오랫동안 남성중심적 지도력에 길들어 왔기 때문에 가부장적인 교회 문화와 인식을 바꾸어나가야 할 필요가 있고 가장 본질적인 것은 인식의 문제입니다. 현재 존재하는 성차별을 차별로 인식하는 것이 필요하고, 이것이 차별이라고 느낀다면 여성과 남성 모두 불편을 감수하면서 문화를 바꾸어 나갈 수 있어야 해요. 소수 여성만의 외로운 투쟁이 되지 않기 위해서는 여성이 여성을 서로 인정하고 밀어주는 '연합'과 이에 동의하고 지지하는 남성들과의 '연대'가 필요한 일이에요. 교회 상황에 대한 비판과 분석에 그치지 않고 실제적인 제도와 정책들이 마련되고 자리 잡기 위해서는 말이지요.

공동체 문화를 바꾸는 일에는 용기가 필요해요. 먼저 손을 들어 말할 수 있는 용기, 성서에 이런 용감한 여성들이 있었다는 것, 이제 여러분들도 조금 알 수 있지요?

민수기 27:1-11절에는 이스라엘 백성들이 가나안 땅에 들어가기 전 각 지파에 땅을 분배해주는 장면이 나와요. 므낫세 지파인 슬로브핫이 아들이 없이 죽자 당시 법대로 아들이 없는 가문은 땅을 분배받을 수 없었는데, 슬로브핫의 딸들 다섯 명이 모세를 찾아와요. 많은 분이 설교 때 한번도 들어본 적이 없겠지만, 이 용감한 자매 5명의 이름이 민수기 27장 1절에 떡하니 나옵니다. 말라, 노아, 호글라, 밀가와 디르사 이 다섯 자매는 회막 문에서 모세와 제사장 엘르아살, 지휘관들과 온 회중 앞에서 이르되 (와 용감하죠!) "어찌하여 그러냐, 우리 딸들에게 기업을 달라"고 하고 모세가 그 사연을 야웨 하나님께 아룁니다. 야웨 하나님이 "그녀들의 말이 옳으니 그들에게 기업을 주어 받게 하라(27:8)"고 합니다. 그뿐만 아니라 이를 이후 이스라엘 판결의 규례가 되게 한다(27:11)고 했으니 그 여성들은 남성들에게만 상속이 되는 당대의 법이 아닌 하나님의 약속에 따라 유산을 상속받는 전례를 만들어낸 것입니다. 다섯 명의 자매가 온 회중 앞에 나와 외친 결과이지요. 수많은 교회 여성들이 자기 삶을 바쳤던 눈물 어린 역사가 지금 우리의 '현재'입니다. 우리도 그 길을 이어 나가야 하는 것, 그것이 우리가 교회를 떠날 수 없는 이유예요. 자리를 지키고 길을 내 온 여성 사역자분들에게 존경

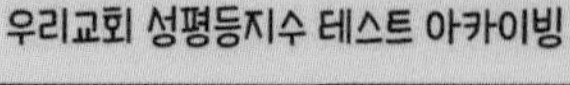

특히나 교회는 하나님의 뜻을 실현하는 공동체니까
더욱 성역할 고정관념과 위계질서가 있어서는 안 되겠지?
우리가 바라는 교회는 이런 모습이 되어야 하지 않을까?

어린 박수를 보내요. 그들이 낸 길을 걸어가며 지금의 우리가 밟는 길을 이후에 걸어올 사람들을 위해서 기억하고 이어가야 해요. 교회를 떠나지 맙시다.

교회에서 여성 사역자들이 경험하는 성역할 차별에 대해 정리할게요. 성차별을 인식하고 한계와 제약이 많은 여성 목회자들의 사역이 안정성을 보장받기 위해서는 여성과 남성 모두 연대해야 해요. 그럴 때 불평등한 교회 공동체의 문화가 바뀔 수 있고 출산, 양육 등에 관한 실질적인 제도가 정착될 수 있어요. 필요한 것은 불평등함에 대해 말하는 용기 그리고 때로는 기울어진 운동장을 바로잡기 위해 생기는 불편함을 견딜 수 있는 공동체의 촘촘한 협력이에요.

06
part

‘여자’도 ‘재정위원장’
할 수 있어요

Part 6

'여자'도 '재정위원장' 할 수 있어요

'돕는 배필'의 잘못된 해석과 여성 안수 거부 등 교회의 가부장적이고 남성중심적인 문화는 교회 내의 직분 역시 성역할 고정관념에 따라 배분하고 있는 경향이 크지요. 훌다는 9번 문항에서 다음과 같이 물었어요.

(9) 우리 교회의 부서장(교회학교 교장, 청년부 부장 등)과 각종 위원(예배위원, 장학위원, 전도위원, 재정위원, 교육위원 등)을 담당하는 사람은 주로 남성이다.

① 네, 맞아요! ② 아니오, 그렇지 않아요.

이에 응답자의 63%(456명)가 주로 남성이라고 답했어요. 목사님이 명시적인 성차별적 설교를 하시지 않는 교회에서도 이런 일들이 일어나는 것은 왜일까요?

그건 엘리어트 아이즈너(Elliot W. Eisner)가 말한 잠재적(내재적) 교육과정, 쉬운 말로 하면 문화화, 사회화의 영향이에

요. 여자는 잠잠해야 하고, 남성을 종속적으로 도우며, 자녀 양육을 우선으로 하는 존재라고 알게 모르게 모든 이가 생각하고 있는 것이 직분에도 영향을 미치는 거지요,

그리고 우리 사회의 성역할 고정관념도 무시할 수 없지요. 근대 산업사회가 시작되면서 이전에는 대가족 공동체가 아이를 공동으로 양육하고 여성과 남성이 주로 집 주변에서 노동을 통해 생계를 잇던 생활 형태가 변화했어요. 도시와 공장이 생기고 남성의 임금 노동으로 가족의 생계가 충당되기 시작하면서 여성의 노동력은 사적 영역인 가정으로 분리되었지요. 여성의 역할은

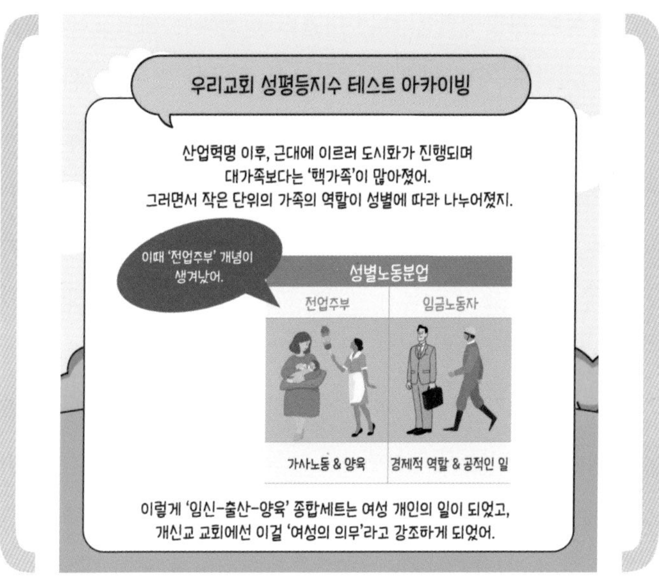

가정의 구성원들을 정서를 비롯한 여러 면에서 보살피는 것으로 옮겨갔으며, 새로운 형태의 돌봄 노동이 전개되기 시작했어요. 그리고 동시에 돌봄이 여성의 본질이라는 시각이 생겨났어요. 치열한 임금 노동의 시장에서 살아가야 하는 생산자를 돌보아 다시금 생산 현장으로 나가도록 돕는 재생산 노동에 필요한 감정적인 과제는 정말 쉬운 일이 아니었기에, 오히려 여성의 본질은 이를 위해 존재하는 것이라는 관념이 대두되기 시작한 것이지요. 이처럼 여성을 '돌보는 성'으로 규정한 새로운 성역할 정형화는 여성을 육아에도 가장 적합한 존재로 규정하게 되었어요.

여성이 직장생활을 하는 비율이 이전과는 비교도 안 되게 높아진 지금도 자녀 양육은 여성만의 책임인 것처럼 여겨지는 것도 그 때문이에요. 교회 구조를 잠시만 살펴보아도 이는 명확하게 드러나요. 유아용 대소변기와 기저귀 교환대가 남자 화장실에도 있나요? 아주 어린 유아와 예배를 드리는 공간의 이름은 가족 예배실인가요 모자 예배실이나 자모실인가요? 2020년 서울 YWCA의 조사에서는 남자 화장실에 유아용 대소변기와 기저귀 교환대가 없다는 응답이 대다수였어요(문항 12). (다만, 둘 다 남자 화장실에도 설치해야 한다는 대답이 압도적으로 많았던 것은 매우 희망적인 현상으로 보여요.) 1020 세대를 대상으로 한 설문이라 기성세대보다는 조금 더 성평등한 인식이 있는 걸까요? 하지만 아직 교회 환경은 자녀 양육과 돌봄을 여성의 일로 이야기하고 있는 것이 현실이에요.

나아가 이와 같은 고정관념은 여성을 다양한 돌봄노동과 감정노동으로 내몰지요. 교회 내의 직분도 이런 식으로 주어지는 경우가 너무 많아요. 앞서 언급한 2020 교회 실태조사에서 여성과 남성이 맡는 교회 직분들은 성비가 확연히 다른 것으로 나타났어요(문항 16, 17). 여성은 영유아부 및 유치·초등부 교육부서, 주방 봉사, 전도부, 청소관리부, 예배 준비부를 압도적으로 많이 맡고 있었어요. 남성들은 기획위원회, 재정위원회, 대학부, 교육위원회, 차량부, 미디어 방송부, 고등부 교사 등을 많

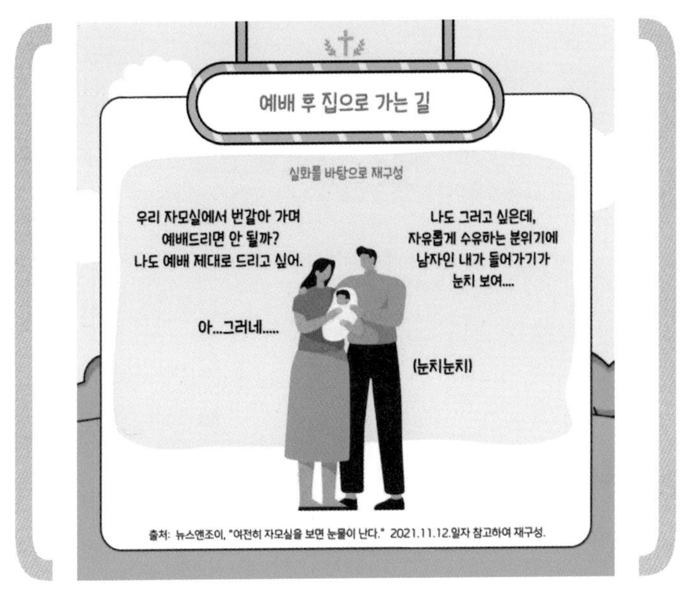

이 담당하고 있었어요. 사회에서도 주로 실버도우미를 비롯한 돌봄 노동자들은 여성이 맡고 있지요? 교회와 사회가 모두 같은 성역할 고정관념을 가지고 있는 거예요.

여기에서 우리는 두 가지 문제점을 발견할 수 있어요. 첫 번째로 성역할 고정관념은 여성이 하나님께서 주신 달란트에 따라 자유롭게 교회 안에서 역할을 맡는 것에 제한을 두기 쉽게 만든다는 거예요. '여성이 해야 하는 역할'은 보시다시피 가정과 사회에서도 여성들에게 주로 주어지는 돌봄노동 또는 가사노동과 유사한 노동들이 많은 데 반해, 리더십을 발휘할 수 있

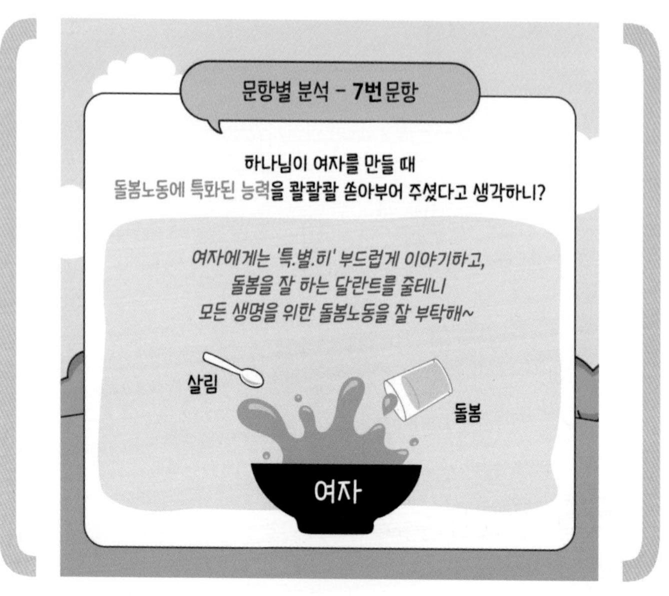

는 위원회나 부서장들에는 거의 해당하지 않아요(물론 돌봄은 가장 큰 형태의 리더십이지만 지금은 고정관념을 따라 이야기하기로 해요). 하지만 2020 교회 실태조사에서 응답자였던 1020 세대들의 답변에 따르면 맡고 싶은 직분에 따른 성비 변화가 거의 관찰되지 않았어요. 정말 지금 교회가 변화하지 않으면 미래 세대들이 교회를 계속 다닐지 의문이 드는 부분이지요? 우리는 이제 어떤 변화를 위해 노력해야 할까요?

여성이 돌봄노동을 수행해 온 이유는 이것이 사회적으로 요구되어

왔기 때문이지 돌봄이 여성만의 고유한 능력이어서는 아니에요. 우리는 서로를 돌보아야 하는 존재지요. 돌봄은 여성만이 아니라 남성 역시 가져야만 할 중요한 능력이에요. 또한 우리는 하나님 안에서 자유롭게 다양한 모습으로 만들어졌어요. 직분에서 보이는 성역할 고정관념을 힘써서 지워보기로 해요.

07 part

여성의 소명은 결혼·출산·양육인가요?

Part 7

여성의 소명은 결혼·출산·양육인가요?

훌다의 설문조사 중 3번 문항의 내용을 소개할게요.

> **3) 나는 교회에서 이런 맥락의 설교/말을 들은 적이 있다, 없다?**
>
> "요즘 우리나라가 저출산으로 아이가 부족하다고 해요. 교회학교에도 아이들이 많이 줄었어요. 그러나 하나님께서는 우리에게 '생육하고 번성하라'고 하셨기 때문에 그리스도인이라면 아이를 많이 낳아야 해요."
>
> "아담과 하와도 한 몸이 되었듯이 결혼은 하나님이 주신 축복입니다. 그러므로 그리스도인이 '비혼'을 이야기하는 것은 성경적이지 못한 겁니다."

이에 대하여 전체 722명 중 55%에 해당하는 395명의 응답자가 '들은 적이 있다'고 답했어요. 들어본 적이 없다고 한 응답자는 327명으로 45%인 것으로 나타났네요.

어느 자매의 경험에 의하면 주일 예배를 마친 후 부서 청소를 다 같이 하는 와중에 한 학생이 "선생님, 선생님~ 전 커서 결혼 안 할 거예요"라고 이야기하는데, 그때 곁에 있던 담임목사님이 너무나 단호하게 "결혼하지 않는 건 죄야!"라고 하셨대요. 그런데 공교롭게도 바로 그 자매는 30대 후반의 비혼이었다는 거죠. 그 어떤 가르침이 비혼 여성 교사를 바로 죄인으로 규정한 것일까요?

우리는 교회에서 이런 가르침을 많이 들을 수 있어요. "결혼하지 않는 것은 죄다. 생육하고 번성하라는 말씀이 창세기부터 나오니까. 결혼을 하면 당연히 아이를 낳아야 한다. 그것도 가능하면 많이. 그래야 하나님 나라 공동체가 커지니까. 여성은 어머니가 되는 것이 하나님이 주신 소명이며, 믿음으로 아이를 잘 양육하는 것이 첫 번째로 중요한 일이다…." 정말로 결혼하지 않는 것은 죄일까요? 평생을 독신으로 살아가는 여성 전도사님들이 얼마나 많은데, 그럼 그분들은 다 죄인이란 말인가요? 비혼과 비출산은 이미 새롭게 대두된 삶의 양태로 익숙해지기 시작하고 있는데 그러면 그들은 모두 "예비 된 죄인"인 셈이네요?

비혼 및 비출산은 젊은 세대를 중심으로 새로운 삶의 한 형태로 자리 잡아 가고 있어요. 이를 둘러싼 담론들은 다양한데, 경제적 문제를 원인으로 보는 사회학적 관점과는 달리 여성주의에서는 인식의 변화, 여성의 경제력 향상, 생활의 독자성

확립 가능성 등으로 인해 전통적인 삶의 규범과 이를 이루던 정형적인 성역할의 형태가 재구성되고 있다는 사실을 주목하고 있어요. 하지만 비혼 그리고 비출산은 사회적으로, 또 가정 내부에서도 많은 비난을 받는 것이 현실이며 특히 여성들에게 이는 더욱 강압적으로 다가가지요. '어머니는 위대하다'든지 '아이를 낳아보지 않은 여성은 어른이 되지 못한다'는 식의 전통적인 성역할에 기댄 모성 담론의 강요는 여전하고, '모성애가 없다', '이기적이다', 더 심하게는 '사람 구실을 해야 한다'는 성역할 고정관념으로 고통받기도 해요. 정말로 성서의 증거, 예수의

말씀, 기독교 역사와 전통이 과연 이성애 결혼과 생물학적 모성 실천만을 유일한 성서적 진리이며 하나님의 뜻으로 제시하고 있는 걸까요?

보수적·전통적 기독교 전통과 역사 안에서 결혼과 생물학적인 출산은 하나님의 축복이자 질서로 받아들여졌어요. 고대 부족국가 시대상을 반영하는 구약의 본문들은 자손을 하나님의 축복으로 규정하지요. 노동력과 군사력의 근원은 남성 인구수에 달려있었기 때문에 이는 당시 거의 모든 문화권에서 공통되는 현상이었다고 할 수 있어요. 즉 여성의 노동력 중에서 가장 중요한 것은 재생산 능력이었으며, 이에 의해 여성의 지위가 결정되었지요.

하지만 예수 운동이나 초대 교회 공동체의 기록들은 구약성서에 나타난 가족 형태와는 상당히 다른 강조점을 가지고 있어요. 예수님께서는 "누구든지 신의 뜻을 행하는 사람이 곧 내 형제요 자매요 어머니이다"(막 3:35; 마 12:50; 눅 8:21)라고 하셨는데, 이는 혈연 중심의 가부장적 가족 형태에서의 탈피와 상대화를 의미한다고 볼 수 있어요. 즉 예수님은 생물학적 가족이라고 하는 전통적 의미를 상대화시키고, 기독교적 가정의 의미를 신학적으로 재규정하고 계시는 거예요. 자식이 없거나 사람이 혼자 거처하는 것을 꺼림칙하게 여기는 구약성서에 비해 신약성서에서는 곳곳에 비혼에 대한 언급이 발견되기도 해요. 마태복음 19장에서는 결혼이 창조 질서에 속한 것이라는 언급도 있지만 자발적 비혼에 관한 이야기도 있지요.

초대 교회 공동체 역시 전통적인 가족 이해보다는 이상적인 기독교인의 삶의 양태를 미혼 및 독신, 무자녀 등으로 간주한 경향을 볼 수 있어요. 서신서의 독신 및 이혼, 결혼 등에 대한 언급들은 물론 당시의 임박한 종말론을 믿는 특정 공동체의 상황에서 나온 것이라는 역사적인 이해를 피해 갈 수는 없지만, 전통적 가족 형태를 따르지 않았던 예수 운동의 삶의 모습을 어느 정도 이어받는 것이에요.

기독교 역사를 보아도 중세 시대에서는 결혼한 사람들보다 독신인 성직자들이 신에게 더 가까운 것으로 인식되었지요. 16세기 종교 개혁자들에 의해 결혼이 신적 질서에 가까운 것으로 재해석되기 전까지는 금욕주의와 독신주의 그리고 출산을 위해 제정된 결혼 정도가 결혼 및 출산을 둘러싼 삶에 대한 이해였잖아요. 또한 결혼이 반드시 생물학적 출산으로 이어져야만 하는 것인가라는 질문도 던져볼 여지가 있지요? 성과 결혼에 대한 기독교 역사적 조망은 중세 시대의 "성은 출산을 위한 것"을 넘어서 "상대방과 친밀함을 나누는 연합"에 있다는 것으

로 변화했어요.

생물학적 모성의 정당성을 뒷받침하는 주요 성서 구절로는 창세기의 "생육하고 번성하라"와 디모데전서 2장의 "여성의 구원은 해산이라"가 있어요. 생육하고 번성하라는 구절은 창조 이야기에서뿐 아니라 구약 전반에 걸쳐 반복되는 약속이기도 하며, 인간뿐 아니라 모든 피조물에게 주어진 것인데, 기독교 전통에서는 이것을 주로 인간의 생물학적 출산을 가리키는 것으로 여겨 왔어요. 구약 시대의 상황을 생각해 보면 다자녀 출산과 그로 인한 공동체의 번영이 직결되었기에 생물학적 출산이 하나님의 축복으로 명명돼 온 것은 충분히 이해할 만한 여지가 있어요.

그러나 오늘날, 과연 이 구절이 육체적인 출산에 머무르거나 혹은 한정돼야만 하는 것일까요? 인구가 넘쳐나고 그로 인한 자원의 낭비로 전 지구가 신음하고 있는 이때 생육하고 번성한다는 의미는 어떤 것이어야 할까요?

이미 태어난 생명들이 전쟁과 전염병으로, 기아와 빈곤으로 죽어가고 있는 현대에 개인의 생물학적 출산만이 과연 인류 전체의 생육과 번성을 바라시는 하나님의 뜻에 부합하는 것일까요? 또한, 인간뿐 아니라 모든 피조물을 만드신 하나님의 눈에 인간은 지금 어떤 모습일까요? 교회는 '생육하고 번성하라'는 명령을 새롭게 해석해서 개인과 지구 공동체 전체의 삶을 풍요롭게 하고, 서로를 살리고, 번성하게 만드는 삶의 형태를 새롭게 고민해 보아야 해요.

08
part

교회 여성의
희생과 헌신

Part 8

교회 여성의 희생과 헌신

순종, 희생과 헌신. 휴~ 참으로 어려운 주제네요. 이에 관련해서 5번 문항의 내용을 소개할게요.

(5) 나는 교회에서 이런 맥락의 설교/말을 들은 적이 있다.

"아브라함의 아내 사라도, 예수님의 어머니 마리아도, 에스더도 모두 하나님의 말씀에 순종했습니다. 순종은 여성의 가장 큰 덕목입니다. 잘 기억하세요!"

"지혜로운 여자는 순종할 줄 아는 사람이에요. 순종이 제사보다 낫다는 말이 있지요? 하나님 앞에 순종함으로 교회 사역을 열심히 합시다."

위 질문에 대하여 전체 722명 중 49%에 해당하는 352명의 응답자가 '들은 적이 있다'고 답했어요.

기독교 신앙에서 순종은 하나님의 정의와 평화를 이 땅에 이루기 위하여 하나님의 뜻에 자발적으로 참여하고자 하는 아름다운 영성이지요. 그러나 순종은 때로 교회 지도력을 향한 절대적인 복종으로 잘못 이해될 수 있어요. 이는 일부 교회에서 교인들을 교회 권력에 순응하도록 만들기 위해 신의 이름으로 순종을 남용하기 때문이지요. 순종이 제사보다 낫다(사무엘상 15:22), 권위자들에 대한 복종과 순종(히브리서 13:17/로마서 13:1), 그리스도도 자기를 낮추어 죽기까지 복종하셨다(빌립보서 2:8), 한 사람의 순종하심으로 많은 사람이 의인이 되리라(로마서 5:19) 등과 같이 순종에 대한 많은 성서 구절들이 있어요. 그리고 이는 '순종 이데올로기'가 되어 교회 생활에 대한 희생과 헌신 그리고 순종으로 종종 연결되었어요.

그러나 위의 설문은 보편적인 순종에 관한 질문이 아니라, '유독 여성에게 강조되는 순종의 가르침을 들었는지'에 대한 질문이에요. 해당 발언을 교회에서 들어본 적이 있는 응답자는 전체 722명 중 49%에 달하는 352명에 해당하는 반면, '아니오'로 답한 응답자는 370명, 전체의 약 51%에 달했어요. 거의 반반의 비율을 보이는데 이는 과거와 달리 교회에서 눈에 띄게 명시적인 성차별 발언을 줄여가고 있다는 희망적 지표로 해석할 수도 있겠지만, 여전히 여성에게 순종 이데올로기를 강조하는 가르침을 들어봤다는 응답자가 절반(49%)을 차지하는 현실 또한 간과할 수 없어요.

여성들에게 선포되는 순종 이데올로기는 가부장적 교회

문항별 분석 - 5번 문항

순종은 원래 하나님의 뜻을 겸손히 따른다는 아름다운 영성이잖아?

그런데, 때로 순종은 교회 권력에 대한 복종으로 잘못 이해되곤 했어. 일부 교회 지도자들이 교인들을 자신에게 순응하게 만들기 위해 하나님의 이름으로 순종을 남용했거든.

이런 걸 순종 이데올로기라고 하지!

우리 교회는 모두에게 좋은 교회?

샬롬! 나는 꼬마 예언자 훌다 야.
기독여성연구원 훌다가 2022년 한국여성재단의 지원을 받아 진행한 "우리 교회 성평등지수 테스트"!
기독교 신앙에서 순종은 하나님의 정의와 평화를 이 땅에 이루기 위해 하나님의 뜻에 자발적으로 참여하는 아름다운 영성이야. 그런데, 유독 여성에게 순종의 가르침이 강조된다고 느낀 적 있었니?

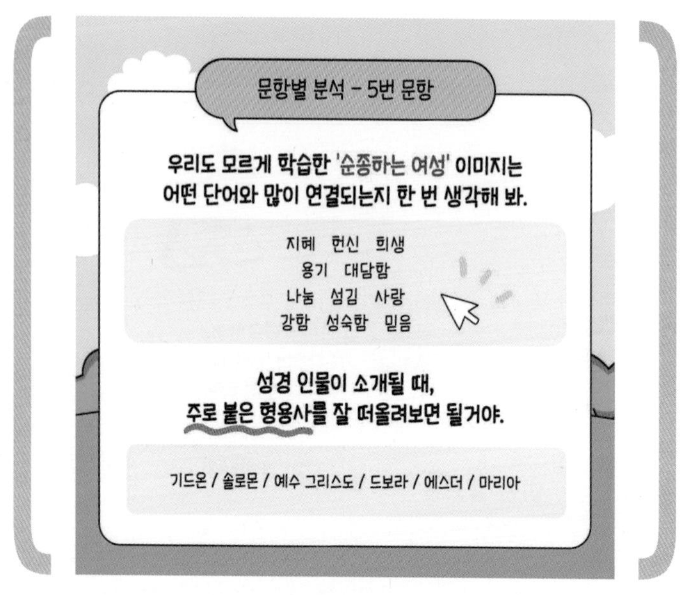

문화를 자발적으로 따르는 여성을 순종의 미덕을 지닌 믿음의 여성으로 부르고, 이를 일부 성서 속의 인물들과 결합시키는 해석을 통해서 강화되기도 해요. 권위에 불순종한 인물로는 모세의 권위에 도전해 피부병을 얻었다고 해석되는 미리암이나, 왕이 부르는데도 가지 않아서 폐위되었다는 페르시아 왕비 와스디 등이 있어요. 그리고 순종의 상징으로는 사라, 에스더, 예수의 어머니 마리아 그리고 룻과 같은 여성들이 칭송되지요. 일부 교회에서 가부장적 질서에 순종하는 여성이야말로 지혜로운 믿음의 여인이라고 할 때, 교회 내 성별에 의한 위계는 더욱 확고

해질 수 있겠죠.

실제로 지금도 많은 교회에서 행해지는 교회 여성 교육은 성경적인 여성성이라는 이름으로 '헌신적인 아내', '지혜로운 어머니' 정체성에 대한 교육이 많아요. 순종하며 나아간 사라에게 하나님이 축복을 주셨다면서 "사라가 아브라함을 주라 칭하여 순종한 것같이 너희는 선을 행하고 아무 두려운 일에도 놀라지 아니하면 그의 딸이 된 것이니라"(벧전 3:6). 남편을 '주'라 칭하며 순종한 것, 하나님이 만드신 가정의 질서, 가장에게 순종할 것을 의미하는 성서 구절이지요.

이런 내용들이 꼭 남성 지도자와 목사에 의해서가 아니라, 교회의 여성 지도자와 목사들에 의해서도 공공연히 선포된다는 점이 가슴 아픈 일이지요. 그들이 여성이기 때문에 당연히 교회 내 성차별을 불편해할까요? 아니요. 현실은 꼭 그렇지는 않을 수도 있어요. 순종 이데올로기를 내면화한 여성일수록 성차별적 부당한 요구에도 불만 없이 이를 수행함으로 교회 내 성차별을 더욱 공고히 할 수도 있지요. 그러나 불행히도 이는 기독교의 오랜 내면화의 결과이기도 하니까요. 이 이야기는 또 다른 담론이니 이 책에서는 다루지 않기로 해요.

자, 다시 주제로 돌아와서 헌신, 희생과 순종의 덕목을 중요시하는 기독교의 가르침은 교회 여성의 삶과 신앙에 어떤 영향을 미치고 있을까요? 기독교는 헌신, 순종과 희생으로 교회의 역사가 이어져왔기 때문에 희생과 헌신이라는 주제는 더더욱 고민이 되는 문제라고 할 수 있어요. 저는 이 지점에서 발레리 세이빙(Valerie Saiving)이라는 여성 신학자를 소개해 보려고 해요.

발레리 세이빙은 "인간의 상황: 여성적 관점"(The Human Situation: A Feminine View)이라는 제목의 글을 발표하는데, 1969년 출판된 이 글은 여성주의적 관점으로 쓴 현대여성주의 신학의 최초의 글, 곧 기원이 되는 논문이라고 할 수 있어요. 그는 이 글의 첫 시작을 "나는 신학생이고 나는 여성이다. I am a student of theology; I am also a woman."이라고 시작해요. 도서관에 앉아서 이 글을 처음 읽을 때 가슴이 쿵 하던 느낌이 아직도 생생해요. 하나로 엮이기에 너무나 생소한 두 문장의 결합이었는데도 당시 여자 신학생인 저의 마음을 한 줄로 대변하는 느낌이 들었거든요. 저는 그다음 문장으로 넘어가지 못하고 그 한 문장에 오래 머물렀던 기억이 나요. 세이빙은 그동안 기독교 신학의 중심 개념들이 남성의 경험만으로 형성되어 있음을 선포했어요. 그는 죄에 대한 개념 역시 여성의 시각(feminine view)으로 재고해야 한다고 하며 '여성의 경험'을 신학의 주제로 처음 부각했어요. 멋있는 교회 언니라고 할 수 있죠.

세이빙의 글을 이해하기 위해서 먼저 라인홀드 니버(Reinhold Niebuhr)라는 기독교 윤리학자 이야기를 해야 해요. 니버는 『도덕적 인간과 비도덕적 사회』라는 책에서 인간의 죄를 권력에 대한 의지(will to power), 교만(pride) 그리고 이기심(self-interest) 등으로 정의했어요. 이러한 죄들은 우리도 익숙하게 교회에서 들어왔으니 이해할 수 있지요. "주여, 저의 교만함을 회개합니다" 이런 기도 안 해본 여성들 없잖아요. 그러나 니버와 동시대 신학자인 세이빙은 '니버의 고전적인 인간 이해는 남성의 경험만을 일반화한 것'이라고 비판해요. 서구 사회에서 남성은 주체적으로 자기를 키워가고 실현하도록 교육받지만, 여성은 남들과의 관계 속에서 자신의 위치를 결정하고, 특히 결혼 이후의 삶은 누군가의 아내와 어머니가 되기 위해 '자기희생'이 가능한 존재로 교육받아 왔기 때문이죠. 남성과 여성은 다른 존재론적 교육을 받고 그에 따른 정체성을 형성해왔기 때문에, 이기심과 교만을 죄라고 보는 전통적인 기독교적 해석은 그것이 삶의 주된 경험이 아니었던 대다수 여성의 경험에 적용되기에는 적절하지 않다는 비판이지요. 남성의 경험에 근거한 신학적 해석이 여성에게도 똑같이 적용될 때의 위험성을 지적하면서 세이빙은 보편적인 인간의 죄가 아닌, 여성의 죄와 남성의 죄가 달리(때로는 반대로) 이야기될 수 있음을 시사했어요.

그 예로 세이빙은 자기희생과 헌신이 남성에게는 인간의 본성에 거스르는 고귀한 선택과 결단이 될 수 있겠지만, 여성에게 자기희생과 헌신은 (강요되었든, 자발적이었든) 이미 익숙한 삶의 일부였지요. 남성의 죄가 이기심과 교만이기에 자신의 본성에 반하는 자기를 희생하려는 노력이 미덕이 될 수 있다면, 여성의 경우는 반대로 자기희생이 죄가 될 수 있으며, 자기실현을 이루는 것이 죄가 아니라 미덕이 될 수 있다는 새로운 시각을 제공했어요. 무조건적 희생의 삶으로 자기가 누구인지를 잃어가는 일이 죄가 될 수 있다는 것, 이것이 오늘날의 우리에게도 여전히 신선하게 보인다는 사실을 어떻게 해석하면 좋을까요? 여러분은 자아를 부정하고 자기를 희생하고 포기하는 삶이 하나님 앞에서 죄가 될 수 있다고 생각해 본 적이 있나요?

그러나 물론 여기서 말하고자 하는 것 또한 이분법적으로 남성 여성으로 나누어 너무 단순화시키려는 것은 아니에요. 1969년의 시대적 상황과 달리 오늘날의 교회 여성에게는 단순히 '여성'이라고 해서 모두 같은 시각을 갖게 되는 것은 아니니까요. 나이, 계급, 성적 정체성 등 여성의 경험은 각자의 상황에 따라 다양할 수 있지만, 결국 중요한 것은 '이미 희생과 헌신의 삶을 요구받은 여성들에게 또다시 더 낮아지고 더 겸손과 희생을 말하는 것이 과연 온당한가'라는 시각은 우리가 여전히 진지하게 생각해 볼 점이라고 할 수 있어요.

발레리 세이빙의 글로 잠시 교회 안에서 여성에게 요구되는 '희생'과 '헌신'에 대해 잠시 환기하는 시간을 가졌어요. 저는 이 글을 읽는 분들께 '여러분들은 페미니즘의 세계에 발을 들였으니 이제부터 교회 안에서 희생과 헌신을 해서는 안 된다'는 말을 하려는 것이 아니에요. 중요한 것은, '여성은 이미 희생과 순종이 학습되기 때문에 희생과 헌신, 자신을 잃어가는 삶에 대한 치열한 자기 성찰이 꼭 필요하다'라는 것을 저는 강조하고 싶어요.

교회 안에서 누군가의 희생과 헌신이 필요한 시기가 있죠. 헌신에 대해 망설인 적도, 또 희생을 감내하고 헌신할 때 뿌듯

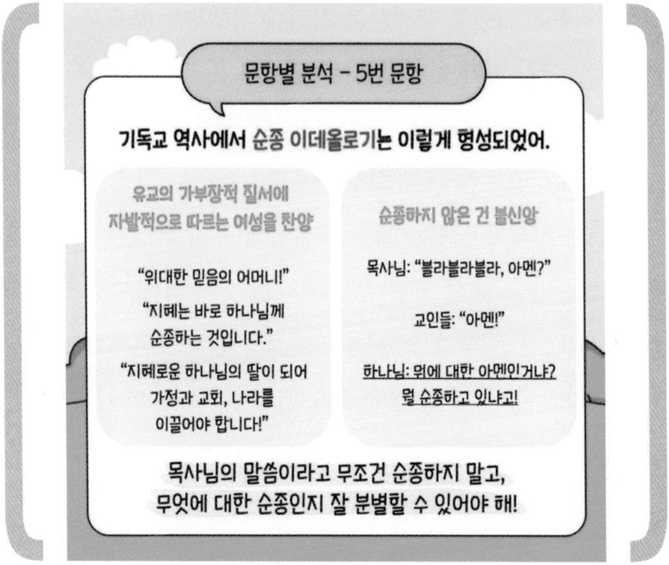

문항별 분석 – 5번 문항

기독교 역사에서 순종 이데올로기는 이렇게 형성되었어.

유교의 가부장적 질서에
자발적으로 따르는 여성을 찬양

"위대한 믿음의 어머니!"

"지혜는 바로 하나님께
순종하는 것입니다."

"지혜로운 하나님의 딸이 되어
가정과 교회, 나라를
이끌어야 합니다!"

순종하지 않은 건 불신앙

목사님: "블라블라블라, 아멘?"

교인들: "아멘!"

하나님: 뭐에 대한 아멘인거냐?
뭘 순종하고 있냐고!

목사님의 말씀이라고 무조건 순종하지 말고,
무엇에 대한 순종인지 잘 분별할 수 있어야 해!

했던 적도 있을 거예요. 그러나 문제는 내가 희생하고 헌신할 수 없는 상황이거나 혹은 그 공동체에서 언젠가부터 한두 사람, 소수의 희생이 당연하게 여겨진다면 그때는 문제가 될 수 있어요. 그리고 그 희생과 헌신이 나의 선택과 결단일 때는 괜찮은데 '희생과 헌신은 무조건적으로 해야 좋은 것이라는 생각 때문에 나를 잘 살피지 못하고 혹은 살필 새도 없이 무조건적인 헌신과 희생의 바다에 빠져 괴로운 상황이라면 그때는 멈춰서 잘 생각해봐야 한다'라고 말하고 싶어요.

또한 희생과 헌신을 강요받은 소수의 사람은 다른 사람들을 향한 미움과 정죄하는 마음이 들기도 하겠죠. "왜 나만 헌신해야 하는가, 왜 저 사람은 헌신하지 않는가?" "내가 이 교회를 위해서 어떻게까지 했는데. 이 공동체를 위해서 내가 얼마나 헌신했는데?" 소수의 사람이 희생과 헌신이라는 무거운 짐을 지면서 다른 사람들을 원망, 비난하고 정죄하는 마음이 생긴다면 그 또한 하나님의 아름다운 공동체의 모습이라고 보기는 어렵지 않을까요? 희생과 헌신은 신앙인에게 무조건적으로 요구되는 덕목이라고 생각하고 살아왔다면, 한 번쯤 지금 내게 필요한 것, 하나님께서 지금 내게 원하는 것은 무엇일지에 대한 진지한 물음을 시작할 수 있어요. 하나님이 내게 주신 온전한 삶, 하나님은 내가 어떤 삶을 살아가기를 원하실까요? 유튜브 〈교회 언니 페미토크 시즌12〉에서 이 주제를 다룬 적이 있어요.

헌신은 자율성이 동반된 고도의 섬김이라고 생각하는데, 교회 안의 헌신은 한계가 없고, 기한이 없는 특성이 있는 것 같아요. 그래서 좋은 마음으로 시작했다가도 그만두기 어려운 점들이 있고, "너 아니면 누가 하냐…"라는 말에 다시 눌러앉아 몇 년을 보내지만 이미 자율성은 사라지고 의무와 힘듦만 지게 되는 구조가 많이 만들어지죠. 특히 교회 여성들에게 이런 의무가 많이 부과되는 것 같고, 여성의 관계적인 특성들과 정서적인 면들이 소모적인 존재로 쓰이고 중요한 의사결정 구조에는 속하지 못하고 주방 봉사나

안내 등으로만 이용되는 측면이 있다고 봅니다. 그래서 저는 헌신하는 교회 여성들에게 헌신을 분별력 있게 하라고 말하고 싶고, 헌신하다 경고신호로 빨간 싸인이 들어오면 멈출 수 있는 것도 자신에 대한 헌신이라고 말하고 싶어요.

_ 교회 언니 페미토크 시즌12 달밤을 걷는 심리 산책 3화 "희생, 헌신과 순종 어디까지 해봤니?" 중에서

삶에 적절한 시기가 있는데 헌신도 적기가 있는 듯해요. 교회 공동체에도 희생과 헌신이 필요한 시기, 돌다리를 놓고 눈물의 씨를 뿌려야 하는 때가 분명히 있지요. 중요한 건 자기 삶의 때를 살펴보는 것이지요. 성서에 나와 있잖아요.

> 모든 일에는 다 때가 있다. 세상에서 일어나는 일마다 알맞은 때가 있다. 태어날 때가 있고, 죽을 때가 있다. 심을 때가 있고, 뽑을 때가 있다. 죽일 때가 있고, 살릴 때가 있다. 허물 때가 있고, 세울 때가 있다. 울 때가 있고, 웃을 때가 있다. 통곡할 때가 있고, 기뻐 춤출 때가 있다. 돌을 흩어버릴 때가 있고, 모아들일 때가 있다. 껴안을 때가 있고, 껴안는 것을 삼갈 때가 있다. 찾아나설 때가 있고, 포기할 때가 있다. 간직할 때가 있고, 버릴 때가 있다. 찢을 때가 있고, 꿰맬 때가 있다. 말하지 않을 때가 있고, 말할 때가

있다. 사랑할 때가 있고, 미워할 때가 있다. 전쟁을 치를 때가 있고, 평화를 누릴 때가 있다(전도서 3:1-8, 새번역).

무조건적인 희생과 헌신에 대한 가르침을 듣는다면 그때 전도서 3:1-8절을 인용하면서 "그런데요~ 헌신할 때와 물러설 때, 자기를 비우고 조금 물러날 때와 자기 목소리를 분명히 낼 때, 그때를 알고 분별할 수 있는 여성이 지혜로운 교회 여성 아닐까요? 성서에도 그렇게 나와 있네요"라고 우아하게 응답하세요.

내가 헌신하고 싶은가. 혹은 지금이 상황적으로 헌신해야 할 때인가. 신중하게 판단하고 희생과 헌신이 나의 선택이면 OK. 중요한 것은 상황에 대한 통찰과 자발성이지요. 그리고 헌신은 중요하지만, 어느 순간 자기 한계에 도달했다면 헌신의 대상을 바꿔보세요. 헌신의 대상을 나 자신으로 바꿔보자! 나 자신에게 집중하고 헌신하는 삶의 때도 필요하니까요. 희생과 헌신이 무조건적이라고 생각했던 삶을 돌아보고 자기를 찾고 하나님이 주신 온전한 내 모습을 찾아가는 것. 하나님은 내가 어떤 삶을 살아가기를 원하실지 진지하게 고민해 봐야 할 때라고 생각되네요. 자율성을 가지고 주체적으로 '헌신'을 선택하기! 잊지 마세요.

09 part

여성을 위한 '신앙 교육' 이대로 괜찮을까?

Part 9

여성을 위한 '신앙 교육' 이대로 괜찮을까?

교회에는 많은 신앙 교육 프로그램이 있지요. 그중에서도 여성을 대상으로 하는 교육을 살펴보았어요. 짐작하시다시피 주로 '성경적 방법으로 남편을 사랑하고 자녀를 신앙적으로 양육'하는 주제들에 집중되어 있었어요. 그런데, 이런 교육이 정말 괜찮을까요?

문항 11번에서는 우리 교회 신앙 교육 프로그램 중에서는 지혜롭게 자녀를 신앙 안에서 양육하도록 돕는 프로그램이 있는데, 주로 어머니를 대상으로 한 교육이 더 많은지를 물었어요. 예를 들어 마더와이즈, 어머니 신앙 성장 큐티, 어머니 학교 등….

이에 대해 722명의 응답자 중 45%에 해당하는 328명이 '그렇다'고 답했고, 394명(55%)은 교회 신앙 교육 프로그램 중 주로 '어머니'를 대상으로 하는 교육이 '더 많지 않다'고 답했어요. 거의 반반이라고 할 수 있겠네요.

교회의 신앙 교육 프로그램 중 여성을 대상으로 한 신앙 교육은 주로 믿음의 유산을 전달할 '어머니' 정체성을 강조하고 있어요. 즉 믿음의 여성과 아내 그리고 어머니로서 지혜롭게 살도록 돕는 메시지를 전달하는 경우가 많아요. 여성이 하나님과 친밀한 관계를 맺고 성숙한 신앙인으로 성장하는 것은 격려할 일이지요. 하지만 우리가 앞에서도 이야기했듯이 비혼과 비출산도 하나님 안에서 다양한 삶의 한 형태로 존중받아야만 해요. 그런데 아직도 대다수 교회는 주일학교- 청년부- 결혼을 기점으로 교구에 소속되는 집사님- 출산이라는 도식으로 개인의 삶을 규정하고 있어요. 비혼 형태로 나이 들어가는 '늙은' 청년들은 어디로 가야 하는 건가요? 그래서 청년부에도, 교구의 집사님 그룹에도 속하지 못하는 많은 사람이 점차 교회를 떠나는 경우가 많아진다고 해요. 교회 언니들이 만나 본 목사님들도 이런 현상을 고민하고, 대안을 마련하고자 여러 방안을 만들어보시고 있었어요. 하지만 이런 목사님들만 있는 게 아니라서, 교회의 성 불평등에 지친 여성 청년들 뿐 아니라 교회의 '정상 가족'이라는 형태에 속하지 않는 사람들도 점차 가나안 성도가 되어 가고 있는 현실이 존재해요.

예수 운동이나 초대 교회 그리고 중세 시대에서도 결혼은 그다지 강조되지 않았음에도 불구하고 종교개혁 이후로 점차

강화된 결혼에 대한 강조는 1960년대 미국에서 더욱 확대되었어요. 경구피임약이 인간 역사에서 처음으로 등장하며 여성주의가 여성의 성을 해방하라는 운동을 시작하고 퍼져 나가자, 전통적인 가족 형태가 흔들리기 시작한다고 위협을 느낀 근본주의 기독교는 창세기 1장과 2장의 성서 본문을 기반으로, 하나님은 남자와 여자를 창조하시고 이 둘은 서로 연합해야 한다는 신적 질서를 만드셨으며, 생육하고 번성해야 하므로 결혼과 출산이 하나님이 제정하신 인간의 소명이라고 강조했지요. 현재 한국의 보수적·전통적 기독교의 결혼과 출산, 가족 형태에 대한

시선은 이러한 당시 미국 근본주의 기독교의 시각을 대부분 그대로 계승하고 있어요. (이성애 양성 부모의) 결혼, 생물학적 출산 그리고 자녀 양육의 순환 과정이 건강한 사회를 만드는 데 필수적인 것으로 보고, 이것이 제대로 되지 않기 때문에 지금의 혼돈과 불안이 생겨나고 있다는 것이지요.

자, 그래서 '착한' 성도인 우리는 결혼을 했어요. 그리고 교회가 하나님의 이름으로 가르치는 대로 출산해서 자녀를 가지게 되었다고 가정해봅시다. 이 귀한 자녀, 하나님의 선물이라고 하는 자녀에 대한 양육의 책임과 의무는 누구에게 있는 것일까요?

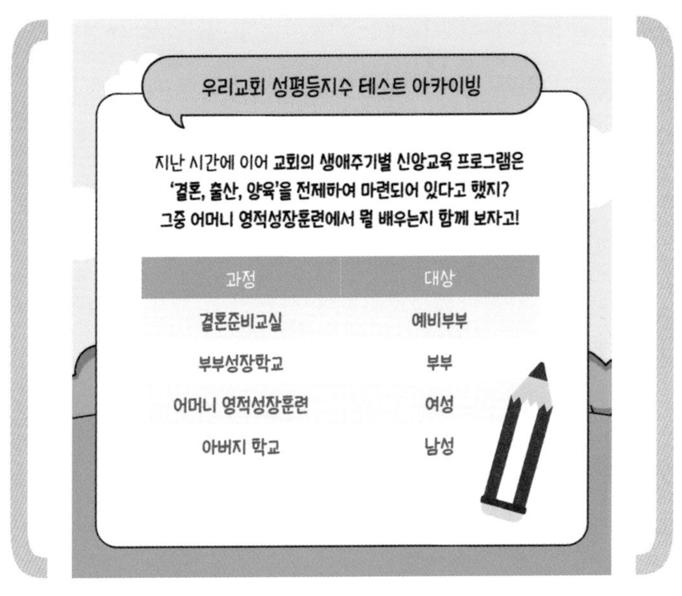

당연히 자녀의 주양육자들에게 있는 것이겠죠? 현재의 사회 제도 안에서는 생물학적인 아버지와 어머니라고 할 수 있지요.

하지만 아직도 자녀의 양육은 주로 어머니의 몫으로 여겨져요. 그럼, 어머니 영적 성장 훈련이라는 프로그램들에서는 무엇을 가르치고 있는지 한번 살펴볼까요?

관련 교재들을 살펴보았어요. 그중 일부를 소개할게요. 성경 본문들을 기본으로 여러 가르침을 뽑아내었네요, 남편을 존경하고, 복종하고, 오~ 육체적 관계까지 언급하고(마더와이즈, 179), 음식으로 섬기고(마더와이즈, 186). 남편의 관심을 위해 아름답게 단장하고…(마더와이즈, 199~200)…(이건 성경 본문에는 없는데?). "우리의 목표는 남편을 존경하여 그들이 강한 사람이 되도록 격려하는 것이다. 그의 몸가짐, 무언의 권위, 인격의 힘으로 자신의 남자다움을 발휘하게 하는 것이다"(마더와이즈, 178). 음, 1970년대로 회귀한 것 같은 착각이 잠시 들어버렸어요.

아내가 어떻게 의사소통해야 하는지도 가르쳐줘요. 이번에는 나오미와 룻이 소환되었네요, 나오미는 보아스를 언제, 어디서 만날 수 있는지 알 수 있었고 룻은 보아스의 관심을 끌기 위해 지혜롭게 행동했다며 이렇게 가르치네요. "남편이 퇴근해 막 집에 들어섰다면, 복잡한 문제로 그를 공격하지 마라. 남편이 당신 말에 온전히 집중하며 이야기할 수 있는 시간을 찾으라. 남편에게 이야기를 꺼내기 전에 밥부터 먹이라… 밥을 차려주는 것이 별일 아닌 것 같지만, 대화의 질에 엄청난 차이를 가져올 수 있다"(마더와이즈, 198).

즉 현재 교회에서의 여성 교육은 여성의 삶의 우선순위를 가정 안에서의 아내와 어머니로 규정하며 이를 신적 질서로 가르치고 있어요. 게다가 여성의 일에 대한 기준까지도 규정해주고 있는데, 잠시 살펴보면 이렇네요. "이 일이 가정을 세우는 것인가?" "이 일을 예수님의 이름으로 하고 있는가?" "남편의 권위 아래에서 일하고 있는가?" "상사의 권위 아래에서 일하고 있는가?"….

우리교회 성평등지수 테스트 아카이빙

<아내의 임무와 섬김>

* 관련 교재 일부 발췌 및 요약

남편 복종&존경(엡 5:22~33), 육체적 관계(고전 7:3~4)
음식으로 섬기기, 긍휼한 마음으로 위로하기

"우리의 목표는 남편을 존경하여 그들이 강한 사람이 되도록 격려하는 것이고
그의 몸가짐, 무언의 권위, 인격의 힘으로
자신의 남자다움을 발휘하게 하는 것이다."

우리교회 성평등지수 테스트 아카이빙

어라...이거 가만 보니 이런 느낌이랄까?

일하는데 왜 남편의 권위 아래에서 일해야 하는 걸까요? 근거로 삼고 있는 성경 말씀은 골로새서 3장 18절이에요 "아내들아 남편에게 복종하라 이는 주 안에서 마땅하니라."

그런데 이 말씀은 로마제국의 기존 질서였던 남녀 불평등을 벗어나 초대 교회 공동체가 여성과 노예 등을 평등하게 대하자 박해가 극심해지던 때 전해진 편지의 일부분이에요. 갈라디아서 3장에서는 분명히 "예수 그리스도 안에서 남성도, 여성도, 헬라인도 유대인도, 종도 자유인도 하나"라고 선언했는데 말이에요. 여성 신학자 엘리자베스 피오렌자(Elisabeth Schüssler Fiorenza)는 이러한 차이를 시대의 영향으로 이해해야 한다고 말해요.

초대 교회 공동체 초기에는 예수님께서 금방 오실 것이라고 생각해서 급진적인 평등 공동체를 이루었는데, 로마의 박해가 심해지자 교회가 로마의 가부장제와 노예제도에 어느 정도 타협하기 시작한 영향으로 보는 거죠. 왜냐하면 그 뒤에 바로 종들은 상전에게 순종하고 주를 두려워하며 성실하게 하라는 말도 나오거든요. 하지만 이걸 한국에서 문자 그대로 적용한다는 건 무리가 있음에도 불구하고 '성경에 나온 말씀이기 때문에' 그대로 받아들여야 한다는 건 성경을 고착화하고 굳어버리게 하는 행동이에요. 그렇게 치면 "매일 입 맞추어 문안"해야죠. 신약성서에 몇 번이나 나오는데….

하지만 사실 성경을 보면 여성 예언자, 여성 사사 그리고 결혼 여부가 밝혀지지 않은 여성 제자들, 나아가 초대 교회에서는 로마제국의 결혼제도를 거부하고 하나님에게 충성을 다 하다 순교한 여성들도 많아요. 미리암, 드보라, 훌다, 뵈뵈, 루디아, 제자 마리아 등을 이야기하며 성경이 이들의 가정이나 아내, 어머니 역할에 대해 강조하고 있지는 않잖아요? 여성은 결혼과 가정 외에도 다양한 결의 삶을 살 수 있는 존재라는 것을 가르쳐야 하는 것 아닐까요?

여성은 세상의 절반이자 하나님이 만드신 귀한 형상이고 다양한 은사와 재능을 가진 하나님의 딸들이에요. 이제 결혼, 출산, 양육 말고도 다양한 여성 신앙 교육이 생겨나야 해요. 여성 리더십 교육이나 생태적 여성 교육 같은 교회 여성 교육이 점점 더 많아지는 날을 함께 만들어가요.

예언자 훌다가

교회를 관찰했어요!

"우리 교회 성평등 지수 테스트"

결과 보고!

예언자 훌다가 교회를 관찰했어요!

"우리 교회 성평등 지수 테스트" 결과 보고!

기독여성연구원 훌다는 한국여성재단의 사업 지원을 받아 "우리 교회 성평등 지수 테스트"를 실시했어요! 이제 참여해주신 총 722명의 응답에 대해 살펴보려고 해요. 문항은 엘리엇 아이즈너(Elliot W. Eisner)의 교육과정 개념을 토대로 총 15개로 구성되었고, 응답 개수에 따라 총 4유형으로 분류되어요.

1) 명시적 교육과정(직접적으로 가르쳐주는 것) 7개

- 성차별적 본문의 문자주의적 해석
- 일반 본문의 성차별적 해석: 가정/교회 위계, 성역할 분업/고정관념, 모성 담론, 순종 이데올로기, 여성의 음녀화, 성적 대상화

2) 내재적 교육과정(직접적으로 알려주지 않지만, 경험을 통해 학습하게 되는 것) 5개

- 건축물, 신앙 교육 교재 삽화 및 교육 대상, 성역할 분업 조직체

계, 의사소통 체계

3) 영(0) 교육과정(가르쳐지지 않는 것) 3개

- 성평등적 본문, 여성 지도력, 성차별적 본문에 대한 여성 신학적 해석

아마 응답해주신 분들은 놀라시는 분도, 에구 그럼 그렇지 하신 분도 있을 거예요. 또, 이 설문조사가 반드시 그 교회의 상황을 정확하게 반영하는 것은 아니라는 점은 미리 말씀드릴게요. 왜냐하면 이 조사는 개교회의 성평등 현황을 객관적인 잣대로 잰 것이 아니라 응답자분들이 자신이 속한 교회에 대해 자신의 기억과 느낌을 이야기한 것이기 때문이죠! 하지만 무려 722명이 자발적으로(!) 참여한 이 조사가 그렇다고 해서 의미가 없는 것은 아니겠죠? 거칠게나마 우리 한국 교회 공동체의 모습을 보여줄 수 있다고 생각해요. 과연 우리는 어떤 교회를 다니고 있을까요? 결과는 다음과 같았어요!

할렐루야	쏘쏘	경고	엑소더스	합계(명)
96	221	227	178	722

우리 교회 성평등 지수는 성평등과 거리가 먼 성차별적 답변 개수를 기준으로 할렐루야(0개~2개) - 쏘쏘(soso, 3개~6개)

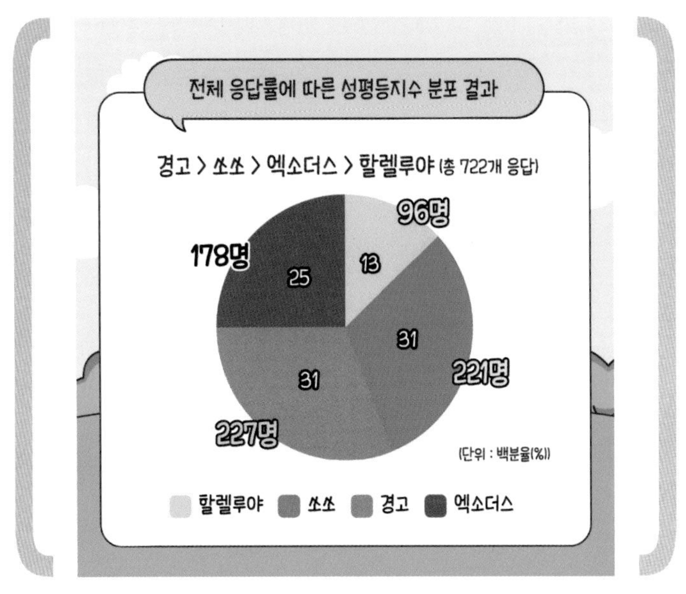

- 경고(7개~11개) - 엑소더스(exodus, 13개~15개)로 정했어요. 테스트 결과 중 가장 성평등한 것으로 보이는 '할렐루야'는 총 722명의 응답자 중 96명으로 전체 응답자의 13%를 차지했어요. 즉, 13%의 응답자가 성평등한 교회에서 보다 성평등한 성서해석 및 가르침을 받고 있으며 평등한 공동체를 경험하고 있다는 것이지요.

성평등 지수의 일반적인 수준을 보이는 '쏘쏘'는 전체 응답률의 31%이며 총 221명의 응답자를 기록했어요. 그러나 '쏘쏘'에 해당하는 교회라고 하더라도 남성중심적 성서해석과 가

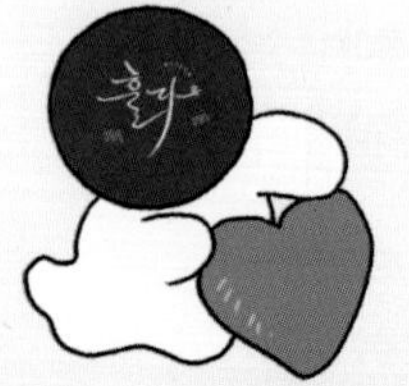

르침, 성차별적 교회 문화가 존재하므로 응답자는 본인이 출석하는 교회의 예배 및 교회 문화의 전반적인 부분에서 성차별적 요소가 무엇인지를 발견하고 이를 보다 성평등한 방향으로 이끌어가고자 노력할 필요성이 있지요.

'경고' 및 '엑소더스'를 도출한 응답자는 본인이 출석하는 교회에 성차별적 요소가 만연하다는 사실과 마주하게 돼요. '경고'는 722명의 응답자 중 가장 많은 227명, 31%의 비율을 보였어요.

가장 성차별적인 교회에 해당하는 '엑소더스'는 총 15개의 문항 중 13개~15개의 성차별적 사례의 답변을 선택하면 나오는

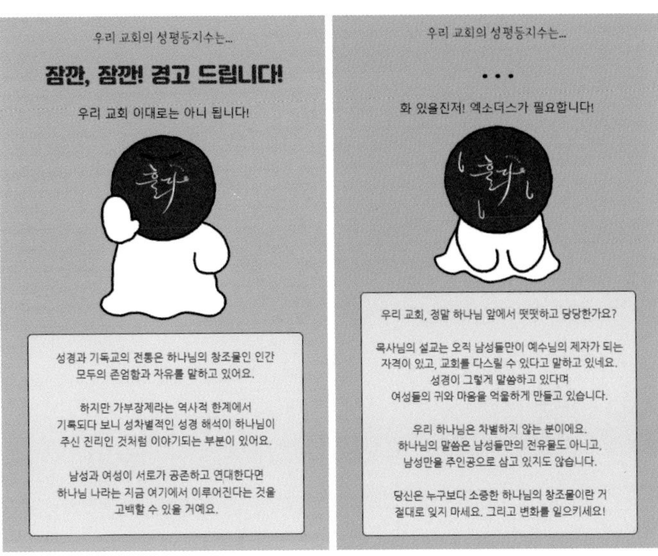

응답이에요. 전체 722명의 응답자 중 178명, 25%에 해당하는 응답자가 본인의 교회가 '엑소더스'에 해당한다고 했어요. 이게 우리의 현실이라는 것은 알아야 하지요. 하지만 실망하거나 좌절하지 않도록 해요.

훌다 예언자의 경고로 요시야가 종교개혁을 일으킨 것처럼 이제는 교회가 바뀌어야 해요. 사랑과 평등, 공존과 화해로 가득한 하나님의 나라를 향해 우리 같이 걸어가요!